L'AUTRE TARTUFFE,

OU

LA MÈRE COUPABLE,

DRAME MORAL

EN CINQ ACTES;

Représenté pour la première fois à Paris le   Juin 1792.

À PARIS,

Chez ANDRÉ, Imprimeur-Libraire, rue de la Harpe, N° 477.

AN NEUF. (1800.)

PERSONNAGES.

ALMAVIVA, d'une famille noble, mais sans orgueil.

Mme. ALMAVIVA, très-malheureuse, et d'une piété angélique.

LÉON, leur fils, jeune homme épris de la liberté, comme toutes les âmes ardentes et neuves.

FLORESTINE, pupile et filleule d'Almaviva, jeune personne d'une grande sensibilité.

BÉGEARSS, Irlandais, Major d'infanterie espagnole, ancien secrétaire d'Almaviva, homme très-profond, et grand machinateur d'intrigues; fomentant le trouble avec art.

FIGARO, valet-de-chambre, chirurgien et homme de confiance d'Almaviva, homme formé par l'expérience du monde et des événemens.

SUZANNE, première camariste de madame Almaviva, épouse de Figaro, exellente femme, bien attachée à sa Maitresse, et revenue des illusions du monde.

M. FAL, notaire d'Almaviva, homme exact et très-honnête.

GUILLAUME, Allemand, valet de M. Bégearss, homme trop simple pour un tel Maitre.

La scène est à Paris, dans la maison occupée par la famille d'Almaviva, vers la fin de 1790.

L'AUTRE TARTUFFE,
OU
LA MÈRE COUPABLE.

ACTE PREMIER.
Le théâtre représente un salon fort orné.

SCENE PREMIERE.

SUZANNE *seule, tenant des fleurs obscures dont elle fait un bouquet.*

Que Madame s'éveille et sonne, mon triste ouvrage est achevé. (*Elle s'assied avec abandon.*) A peine il est neuf heures, et je me sens déjà d'une fatigue.... Son dernier ordre, en la couchant, m'a gâté ma nuit toute entière. « Demain, » Suzanne, au point du jour, fais apporter beaucoup de fleurs, » et garnis-en mes cabinets. — Au portier; que de la journée » il n'entre personne pour moi. — Tu me formeras un bouquet » de fleurs noire et rouge foncé; un seul œillet blanc au mi- » lieu. » Le voilà. — Pauvre maîtresse! Elle pleurait!.... Pour qui ce mélange d'apprêts?... Eeeh! si nous étions en Espagne, ce serait aujourd'hui la fête de son fils *Léon*... (*Avec mystère.*) et d'un autre homme qui n'est plus! (*Elle regarde les fleurs.*) Les couleurs du sang et du deuil! (*Elle soupire.*) Ce cœur blessé ne guérira jamais! — Attachons-le d'un crêpe noir, puisque c'est-là sa triste fantaisie. (*Elle attache le bouquet.*)

SCENE II.
SUZANNE, FIGARO *regardant avec mystère.*
Cette scène doit marcher très-chaudement.

SUZANNE.
Entre donc, Figaro! tu prends l'air d'un amant en bonne fortune chez ta femme!

FIGARO.
Peut-on vous parler librement?

A

SUZANNE.

Oui, si la porte reste ouverte.

FIGARO.

Eh ! pourquoi cette précaution ?

SUZANNE.

C'est que l'homme dont il s'agit peut entrer d'un moment à l'autre.

FIGARO.

Honoré Tartuffe Bégearss ?

SUZANNE.

Et c'est un rendez-vous donné. — Ne t'accoutumes donc pas à charger son nom d'épithètes : cela peut se redire et nuire à tes projets.

FIGARO.

Il s'appelle *Honoré.*

SUZANNE.

Mais non pas Tartuffe.

FIGARO.

Morbleu !

SUZANNE.

Tu as le ton bien soucieux !

FIGARO.

Furieux. *(Elle se lève.)* Est-ce là notre convention ? M'aidez-vous franchement, Suzanne, à prévenir un grand désordre ? Serais-tu dupe encore de ce très-méchant homme ?

SUZANNE.

Non, mais je crois qu'il se méfie de moi ; il ne me dit plus rien. J'ai peur, en vérité, qu'il ne nous croie raccommodés.

FIGARO.

Feignons toujours d'être brouillés.

SUZANNE.

Mais qu'as-tu donc appris qui te donne une telle humeur ?

FIGARO.

Recordons-nous d'abord sur les principes. Depuis que nous sommes à Paris, et que M. Almaviva.... (il faut bien lui donner son nom, puisqu'il ne souffre plus qu'on l'appelle Monseigneur.)

SUZANNE, *avec humeur.*

C'est beau ! et Madame sort sans livrée ! Nous avons l'air de tout le monde !

FIGARO.

Aimeriez-vous mieux n'avoir l'air de personne ? — Depuis, dis-je, qu'il a perdu, par une querelle de jeu, son libertin de fils aîné, tu sais comment tout a changé pour nous; comme l'humeur d'Almaviva est devenu sombre et terrible.

SUZANNE.

Tu n'es pas mal bourru non plus!

FIGARO.

Comme son autre fils paraît lui devenir odieux....

SUZANNE.

Que trop!

FIGARO.

Comme sa femme est malheureuse....

SUZANNE.

C'est un grand crime qu'il commet.

FIGARO.

Comme il redouble de tendresse pour sa pupille Florestine; comme il fait sur-tout des efforts pour dénaturer sa fortune....

SUZANNE.

Sais-tu, mon pauvre Figaro, que tu commence à radoter? Si je sais tout cela, qu'est-il besoin de me le dire?

FIGARO.

Encore faut-il bien s'expliquer pour s'assurer que l'on s'entend. N'est-il pas avéré pour nous que cet astucieux Irlandais, le fléau de cette famille, après avoir chiffré comme secrétaire, quelques ambassades auprès d'Almaviva, s'est emparé de leurs secrets à tous; que ce profond machinateur a su les entraîner de l'indolente Espagne en ce pays, remué de fond en comble, espérant y mieux profiter de la désunion où ils vivent, pour séparer le mari de la femme, épouser la jeune pupille, et envahir les biens d'une maison qui se délabre?

SUZANNE.

Enfin, moi! que puis-je à cela?

FIGARO.

Ne jamais le perdre de vue; me mettre au cours de ses démarches.

SUZANNE.

Mais, je te rends tout ce qu'il dit.

FIGARO.

Oh! ce qu'il dit n'est que ce qu'il veut dire: mais, saisir en parlant les mots qui lui échappent, le moindre geste, un mouvement; c'est-là qu'est le secret de l'âme. Il se trame ici quelque horreur: il faut qu'il s'en croie assuré: car je lui trouve un air.... plus faux, plus perfide et plus fat; cet air des sots de ce pays, triomphant avant le succès! Ne peux-tu être aussi perfide que lui? l'amadouer, le bercer d'espoir? quoiqu'il demande, ne le pas refuser?

SUZANNE.

C'est beaucoup!

FIGARO.

Tout est bien, et tout marche au but, si j'en suis promptement instruit.

SUZANNE.

Et si j'en instruis ma maitresse?

FIGARO.

Il n'est pas tems encore; ils sont tous subjugués par lui. On ne te croirait pas; tu nous perdrais sans les sauver. Suis-le par-tout, comme son ombre.... et moi je l'épie au-dehors...

SUZANNE.

Mon ami, je t'ai dit qu'il se défie de moi; et s'il nous surprenait ensemble... Le voilà qui descend... Ferme!... Ayons l'air de quereller bien fort. *(Elle pose le bouquet sur la table.)*

FIGARO, *élevant la voix.*

Moi, je ne le veux pas. Que je t'y prenne une autre fois!...

SUZANNE, *élevant la voix.*

Certes!... oui, je te crains beaucoup!

FIGARO, *feignant de lui donner un soufflet.*

Ah!....tu me crains!... Tiens, insolente.

SUZANNE, *feignant de l'avoir reçu.*

Des coups à moi! chez ma maitresse!

SCENE III.

LE MAJOR BÉGEARSS, FIGARO, SUZANNE.

BÉGEARSS, *en uniforme, un crêpe noué au bras.*

Eh! mais quel bruit! Depuis une heure j'entends disputer de chez moi...

FIGARO, *à part.*

Depuis une heure.

BÉGEARSS.

Je sors, je trouve une femme éplorée...

SUZANNE, *feignant de pleurer.*

Le malheureux lève la main sur moi!

BÉGEARSS.

Ah! l'horreur! Monsieur Figaro! un galant homme a-t-il jamais frappé une personne de l'autre sexe?

FIGARO, *brusquement.*

Eh morbleu! Monsieur, laissez-nous! Je ne suis point un

galant homme; et cette femme n'est point *une personne de l'autre sexe :* elle est ma femme ; une insolente qui se mêle dans des intrigues, et qui croit pouvoir me braver, parce qu'elle a ici des gens qui la soutiennent. Oh ! j'entends la morigéner....

BÉGEARSS.

Est-on brutal à cet excès ?

FIGARO.

Monsieur, si je prends un arbitre de mes procédés envers elle, ce sera moins vous que tout autre ; et vous savez trop bien pourquoi !

BÉGEARSS.

Vous me manquez, Monsieur, je vais m'en plaindre à votre maitre.

FIGARO, *raillant.*

Vous manquer ? moi ! c'est impossible. *(Il sort.)*

SCENE IV.
BÉGEARSS, SUZANNE.

BÉGEARSS.

Mon enfant, je n'en reviens point ! Quel est donc le sujet de son emportement ?

SUZANNE.

Il m'est venu chercher querelle ; il m'a dit cent horreurs de vous. Il me défendait de vous voir, de jamais oser vous parler. J'ai pris votre parti ; la dispute s'est échauffée ; elle a fini par un soufflet... Voilà le premier de sa vie ; mais moi, je veux me séparer. Vous l'avez vu....

BÉGEARSS.

Laissons cela. — Quelque léger nuage altérait ma confiance en toi ; mais ce débat l'a dissipé.

SUZANNE.

Sont-ce là vos consolations ?

BÉGEARSS.

Vas ! c'est moi qui t'en vengerai. Il est bien tems que je m'acquitte envers toi, ma pauvre Suzanne ! Pour commencer, apprends un grand secret.... Mais, sommes-nous bien sûrs que la porte est fermée? (*Suzanne y va voir.*) (*Il dit à part :*) Ah ! si je puis avoir seulement trois minutes l'écrain au double fond que j'ai fait faire à sa maitresse, où sont ces importantes lettres...

SUZANNE *revient.*

Eh bien ce grand secret ?

BÉGEARSS.

Sers ton ami ; ton sort devient superbe. J'épouse Florestine ; c'est un point arrêté : son père le veut absolument.

SUZANNE.

Qui, son père ?

BÉGEARSS, *en riant.*

Eh, d'où sors-tu donc ? Règle certaine, mon enfant : lorsque telle orpheline arrive chez quelqu'un, comme pupille, ou bien comme filleule, elle est toujours la fille du mari. (*D'un ton sérieux.*) Bref, je puis l'épouser.... si tu me la rends favorable.

SUZANNE.

Oh ! mais *Léon* en est très-amoureux !

BÉGEARSS, *froidement.*

Leur fils.... je l'en détacherai.

SUZANNE, *étonnée.*

Ha !.... Elle aussi, elle est fort éprise !

BÉGEARSS.

De lui ?

SUZANNE.

Oui.

BÉGEARSS, *froidement.*

Je l'en guérirai.

SUZANNE, *plus surprise.*

Ha ! ha ! Madame, qui le sait, donne les mains à leur union !

BÉGEARSS, *froidement.*

Nous la ferons changer d'avis.

SUZANNE, *stupéfaite.*

Aussi ! Mais Figaro, si je le vois bien, est le confident du jeune homme.

BÉGEARSS.

C'est le moindre de mes soucis. Ne serais-tu pas aise d'en être délivrée ?

SUZANNE.

S'il ne lui arrive aucun mal.

BÉGEARSS.

Fi donc ! la seule idée flétrit l'austère probité. Mieux instruits sur leurs intérêts, ce sont eux-mêmes qui changeront d'avis.

SUZANNE, *incrédule.*

Si vous faites cela, Monsieur....

BÉGEARSS, *appuyant.*

Je le ferai. — Tu sens que l'amour n'est pour rien dans un pareil arrangement. (*L'air caressant.*) Je n'ai jamais vraiment aimé que toi.

SUZANNE.

Ah! si Madame avait voulu....

BÉGEARSS.

Je l'aurais consolée, sans doute ; mais elle a dédaigné mes vœux... Suivant le plan d'Almariva, sa femme va au couvent.

SUZANNE, *vivement.*

Je ne me prête à rien contre elle.

BÉGEARSS.

Que diable ! il la sert dans ses goûts. Je t'entends toujours dire : Ah ! c'est un ange sur la terre !

SUZANNE, *en colère.*

Eh bien ! faut-il la tourmenter ?

BÉGEARSS, *riant.*

Non ; mais du moins la rapprocher de ce ciel, la patrie des anges, dont elle est un moment tombée.... Et puisque dans ces nouvelles et merveilleuses lois le divorce s'est établi....

SUZANNE, *vivement,*

Il divorcerait !

BÉGEARSS.

S'il peut.

SUZANNE, *en colère.*

Ah les scélérats d'hommes ! quand on les étranglerait tous !...

BÉGEARSS.

J'aime à croire que tu m'en exceptes ?

SUZANNE.

Ma foi, pas trop.

BÉGEARSS, *riant.*

J'adore ta franche colère ; elle met à jour ton bon cœur. Quant au jeune amoureux, il le destine à voyager... long-tems. — Le Figaro, homme expérimenté, sera son discret conducteur. *(Il lui prend la main.)* Et voici ce qui nous concerne : Almaviva, Florestine et moi, habiterons le même hôtel ; et la chère *Suzanne*, à nous, chargée de toute la confiance, sera notre sur-intendant, commandera la domesticité, aura la grande main sur-tout. Plus de mari, plus de soufflets, plus de brutal contradicteur : des jours filés d'or et de soie, et la vie la plus fortunée !....

SUZANNE.

A vos cajoleries, je vois que vous voulez que je vous serve auprès de Florestine ?

BÉGEARSS.

A dire vrai, j'ai compté sur tes soins. Tu fus toujours une excellente femme ! J'ai tout le reste dans ma main ; ce point

LA MERE COUPABLE,

seul est entre les tiennes *(Vivement.)* Par exemple, aujourd'hui, tu peux nous rendre un signalé service...

SUZANNE, *l'examine.*

BÉGEARSS, *se reprend.*

Je dis un *signalé*, par l'importance qu'il y met; *(Froidement.)* car, ma foi, c'est bien peu de chose. Almaviva aurait la fantaisie... de donner à sa fille, en signant le contrat, une parure absolument semblable aux diamans de la Comtesse. Il ne voudrait pas qu'on le sût.

SUZANNE.

Ha! ha!

BÉGEARSS.

Ce n'est pas trop mal vu : de beaux diamans terminent bien des choses! Peut-être il va te demander d'apporter l'écrain de sa femme, pour en confronter les dessein avec ceux de son joaillier. Tiens, vois-tu! le voici qui vient.

SCENE V.

ALMAVIVA, SUSANNE, BÉGEARSS.

ALMAVIVA.

Monsieur Bégearss, je vous cherchais.

BÉGEARSS.

Avant d'entrer chez vous, Monsieur, je venais prévenir Suzanne que vous avez dessein de lui demander cet écrain...

SUZANNE.

Au moins, Monseigneur, vous sentez....

ALMAVIVA.

Eh! laisse-là ton Monseigneur. N'ai-je pas ordonné, en passant dans ce pays-ci...

SUZANNE.

Il semble que cela nous amoindrit.

ALMAVIVA.

C'est que tu t'entends mieux en vanité qu'en vraie fierté.

SUZANNE.

Eh bien! Monsieur, du moins vous me donnez votre parole....

ALMAVIVA, *fièrement.*

Depuis quand suis-je méconnu ?

SUZANNE.

Je vais donc vous l'aller chercher. (*A part.*) Dame! Figaro m'a dit de ne rien refuser....

SCENE VI.

ALMAVIVA, BÉGEARSS.

ALMAVIVA.

J'ai tranché sur le point qui paraissait l'inquiéter.

BÉGEARSS.

Il en est, Monsieur, qui m'inquiète beaucoup plus. Je vous trouve un air accablé.....

ALMAVIVA.

Te le dirai-je, ami? La perte de mon fils me semblait le plus grand malheur. Un chagrin plus poignant fait saigner ma blessure et me rend ma vie insupportable.

BÉGEARSS.

Si vous ne m'aviez pas interdit de vous contrarier là-dessus, je vous dirais que votre second fils.....

ALMAVIVA, *vivement.*

Mon second fils! je n'en ai point.

BÉGEARSS.

Calmez-vous, Monsieur: raisonnons. La perte d'un enfant chéri peut vous rendre injuste envers l'autre, envers votre épouse, envers vous. Est-ce donc sur des conjectures qu'il faut juger de pareils faits?

ALMAVIVA.

Des conjectures! Ah, j'en suis trop certain! mon grand chagrin est de manquer de preuves. — Tant que mon pauvre fils vécut, j'y mettais fort peu d'importance: héritier de mon nom, de mes places, de ma fortune... que me faisait cet autre individu? Mon froid dédain, un nom de terre, une pension, m'auraient vengé de sa mère et de lui. Mais conçois-tu mon désespoir, en perdant un fils adoré, de voir un étranger succéder à ce rang, à ces titres; et pour irriter ma douleur, venir tous les jours me donner le nom odieux de son père?

BÉGEARSS.

Monsieur, je crains de vous aigrir, en cherchant à vous appaiser. Mais la vertu de votre épouse.....

ALMAVIVA, *avec colere.*

Ah! ce n'est qu'un crime de plus. Couvrir d'une vie exemplaire, un affront tel que celui-là! commander vingt ans par ses mœurs, et la piété la plus sévère, l'estime et le respect du monde, et verser sur moi seul, par cette conduite affectée, tous les torts qu'entraîne après soi ma prétendue bizarrerie! Ma haine pour eux s'en augmente.

BÉGEARSS.

Que vouliez vous donc qu'elle fît, même en la supposant coupable? Est-il au monde quelque faute qu'un repentir de vingt années ne doive effacer à la fin? Fûtes-vous sans reproche, vous-même? et cette jeune Florestine, que vous nommez votre pupille, et qui vous touche de plus près...

ALMAVIVA.

Qu'elle assure donc ma vengeance! je dénaturerai mes biens, et lui ferai tout passer. Déjà trois millions d'or, arrivés de la *Vera Crux*, vont lui servir de dot, et c'est à toi que je les donne. Aides-moi seulement à jeter sur ce don un voile impénétrable. En acceptant mon porte-feuille, et te présentant comme époux, suppose un héritage, un legs de quelque parent éloigné.....

BÉGEARSS, *montrant le crêpe de son bras.*

Voyez que, pour vous obéir, je me suis déjà mis en deuil.

ALMAVIVA.

Quand j'aurai l'agrément de ma cour, pour l'échange entamé de toutes mes terres d'Espagne, contre des biens dans ce pays, je trouverai moyen de vous en assurer la possession à tous deux.

BÉGEARSS, *vivement.*

Et moi, je n'en veux point. Croyez-vous que sur des soupçons... peut-être encore très-peu fondés, j'irai me rendre le complice de la spoliation entière de l'héritier de votre nom, d'un jeune homme plein de mérite? car il faut avouer qu'il en a...

ALMAVIVA, *impatienté.*

Plus que mon fils, voulez-vous dire? Chacun le pense comme vous; cela m'irrite contre lui.

BÉGEARSS.

Si votre pupille m'accepte, et si, sur vos grands biens, vous prélevez, pour la dotter, ces trois millions d'or du Mexique, je ne supporte point l'idée d'en devenir propriétaire, et ne les recevrai qu'autant que le contrat en contiendra la donation, que mon amour sera censé lui faire.

ALMAVIVA *le serre dans ses bras.*

Loyal et franc ami! quel époux je donne à ma fille!...

SCÈNE VII.

SUZANNE, ALMAVIVA, BÉGEARSS.

SUZANNE.

Monsieur, voilà le coffre aux diamans: ne le gardez pas

trop long-tems; que je puisse le remettre en place avant qu'il soit jour chez Madame.

ALMAVIVA.

Suzanne, en t'en allant, défends qu'on entre, à moins que je ne sonne.

SUZANNE, *à part*,

Avertissons Figaro de ceci.

SCENE VIII.
ALMAVIVA, BÉGEARSS.

BÉGEARSS.

Quel est votre projet sur l'examen de cet écrain?

ALMAVIVA *tire un bracelet de sa poche.*

Je ne veux plus te déguiser tous les détails de mon affront: écoute. Un certain Léon d'Astorga, qui fut jadis mon page, et qu'on nommait Chérubin.....

BÉGEARSS.

Je l'ai connu: nous servions dans le régiment, dont je vous dois d'être major: mais il y a vingt ans qu'il n'est plus.

ALMAVIVA.

C'est ce qui fonde mon soupçon. Il eut l'audace de l'aimer. Je la crus éprise de lui; je l'éloignai d'Andalousie, par un emploi dans ma légion. Un an après la naissance du fils..... qu'un combat détesté m'enlève, (*Il met la main à ses yeux.*) lorsque je m'embarquai pour aller commander au Mexique: au lieu de rester à Madrid ou dans mon palais à Séville, ou d'habiter Aguas-Frescas, qui est un superbe séjour; quelle retraite, ami, crois-tu que ma femme choisit? Le vilain château d'Astorga, chef-lieu d'une méchante terre que j'avais achetée des parens de ce page. C'est-là qu'elle a voulu passer les trois années de mon absence; qu'elle y a mis au monde... (après neuf ou dix mois, que sais-je?) ce misérable enfant qui porte les traits d'un perfide. Jadis, lorsque l'on m'avait peint pour le bracelet qu'elle porte, le peintre ayant trouvé ce page fort joli, désira d'en faire une étude: c'est un des beaux tableaux de mon cabinet....

BÉGEARSS.

Oui... (*Il baisse les yeux.*) à telles enseignes que votre épouse.....

ALMAVIVA, *vivement.*

Ne veut jamais le regarder. Eh bien! sur ce portrait j'ai fait faire celui-ci dans ce bracelet, pareil en tout au sien, fait par le même joaillier qui monta tous ses diamans : je vais le substituer à la place du mien. Si elle en garde le silence, vous sentez que ma preuve est faite. Sous quelque forme qu'elle en parle, une explication sévère éclaircit ma honte à l'instant.

BÉGEARSS.

Si vous demandez mon avis, Monsieur, je blâme un tel projet.

ALMAVIVA.

Pourquoi ?

BÉGEARSS.

L'honneur répugne à de pareils moyens. Si quelque hasard, heureux ou malheureux, vous eût présenté certains faits, je vous excuserais de les approfondir. Mais tendre un piège ! des surprises ! Eh ! quel homme un peu délicat voudrait prendre un tel avantage sur son plus mortel ennemi.

ALMAVIVA.

Il est trop tard pour reculer : le bracelet est fait; le portrait du page est dedans...

BÉGEARSS *prend l'écrain.*

Monsieur, au nom du véritable honneur !...

ALMAVIVA *a enlevé le bracelet de l'écrain.*

Ah ! mon cher portrait, je te tiens ! j'aurai du moins la joie d'en orner le bras de ma fille, cent fois plus digne de le porter !... (*Il y substitue l'autre.*)

BÉGEARSS *feint de s'y opposer ; ils tirent chacun l'écrain de leur côté. Bégearss fait ouvrir adroitement le double fond, et dit avec colère :*

Ah ! voilà la boîte brisée !

ALMAVIVA *regarde.*

Non, ce n'est qu'un secret que le débat a fait ouvrir. Ce double fond renferme des papiers.

BÉGEARSS *s'y opposant.*

Je me flatte, Monsieur, que vous n'abuserez point...

ALMAVIVA, *impatient*

« Si quelque heureux hasard vous eût présenté certains faits,
» me disais-tu dans le moment, je vous excuserais de les appro-
» fondir. » Le hasard me les offre, et je vais suivre ton conseil. (*Il arrache les papiers.*)

BÉGEARSS, *avec chaleur.*

Pour l'espoir de ma vie entière, je ne voudrais pas devenir complice d'un tel attentat ! remettez ces papiers, Monsieur ; ou souffrez que je me retire. (*Il s'éloigne.*)

ALMAVIVA *tient les papiers, et lit le premier qui se présente.*
BÉGEARSS *le regarde en-dessous, et s'applaudit secrètement.*

ALMAVIVA *avec fureur.*

Je n'en veux pas apprendre davantage : renferme tous les autres, et moi je garde celui-ci.

BÉGEARSS.

Non, quel qu'il soit, vous avez trop d'honneur pour commettre une......

ALMAVIVA, *fièrement.*

Une..... Achevez; tranchez le mot, je puis l'entendre.

BÉGEARSS *se courbant.*

Pardon, Monsieur, mon bienfaiteur, et n'imputez qu'à ma douleur l'indécence de mon reproche.

ALMAVIVA.

Loin de t'en savoir mauvais gré, je t'en estime davantage. (*Il se jette sur un fauteuil.*) Ah! perfide Rosine! car malgré mes légèretés, elle est la seule pour qui j'aie éprouvé... J'ai subjugué les autres femmes. Ah! je sens, à ma rage, combien cette indigne passion!... Je me déteste de l'aimer.

BÉGEARSS.

Au nom de Dieu, Monsieur, remettez ce fatal papier.

SCÈNE IX.
FIGARO, ALMAVIVA, BÉGEARSS.

ALMAVIVA *se lève.*

Homme importun, que voulez-vous?

FIGARO.

J'entre, parce qu'on a sonné.

ALMAVIVA *en colère.*

J'ai sonné? Valet curieux!...

FIGARO.

Interrogez le joaillier, qui l'a entendu comme moi.

ALMAVIVA.

Mon joaillier! que me veut-il?

FIGARO.

Il dit qu'il a rendez-vous, pour un brasselet qu'il a fait.

BÉGEARSS, *s'apercevant qu'il cherche à voir l'écrain, fait ce qu'il peut pour le masquer.*

Ah!... qu'il revienne un autre jour.

FIGARO, *avec malice.*

Mais pendant que Monsieur a l'écrain de Madame ouvert, il il serait peut-être à propos......

ALMAVIVA *en colère.*

Monsieur l'inquisiteur! partez, et s'il vous échappe un seul mot.....

FIGARO.

Un seul mot? j'aurais trop à dire. Je ne veux rien faire à demi. (*Il examine l'écrain, le papier que tient Almaviva, lance un coup-d'œil fier à Bégearss, et sort.*)

SCÈNE X.
BÉGEARSS, ALMAVIVA.

ALMAVIVA.

Refermons ce perfide écrain. J'ai la preuve que je cherchais. Je la tiens, j'en suis désolé! pourquoi l'ai-je trouvée? ah Dieux! lisez, lisez, Monsieur Bégearss.

BÉGEARSS *refusant le papier.*

Entrer dans de pareils secrets! Dieu, préserve qu'on m'en accuse!

ALMAVIVA.

Quelle est donc la sèche amitié qui repousse mes confidences! Je vois qu'on n'est compatissan que pour les maux qu'on éprouve soi-même.

BÉGEARSS.

Quoi? pour refuser ce papier!... (*Vivement*) Serrez-le donc, voici Suzanne (*Il referme vîte le secret de l'écrain.*) *Le Comte met la lettre dans sa veste sur sa poitrine.*

SCÈNE XI.
SUZANNE, ALMAVIVA, BÉGEARSS.

ALMAVIVA *est accablé.*

SUZANNE.

L'écrain, l'écrain! Madame sonne.

BÉGEARSS *le lui donne.*

Suzanne, vous voyez que tout y est en bon état.

SUZANNE.

Qu'a donc Monsieur? il est troublé!

BÉGEARSS.

Ce n'est rien qu'un peu de colère contre votre indiscret mari, qui est entré malgré ses ordres.

SUZANNE *finement.*

Je l'avais dit pourtant de manière à être entendue!

(*Elle sort.*)

SCENE XII.
LÉON, ALMAVIVA, BÉGEARSS.

ALMAVIVA *veut sortir; il voit entrer Léon.*

Voici l'autre !

LÉON *timidement veut embrasser Almaviva.*

Mon père ! agréez mon respect ; avez-vous bien passé la nuit ?

ALMAVIVA, *sèchement le repousse.*

Où fûtes-vous, Monsieur, hier au soir ?

LÉON.

Mon père, on me mena dans un club très-fameux.

ALMAVIVA.

Où vous fîtes une lecture ?

LÉON.

On m'invita d'y lire un essai que j'ai fait sur l'abus des vœux monastiques, et le droit de s'en relever.

ALMAVIVA *amèrement.*

Les vœux des Chevaliers en sont !

BÉGEARSS.

Qui fut, dit-on, très-applaudi.

LÉON.

Monsieur, on a montré quelque indulgence pour mon âge.

ALMAVIVA.

Donc, au lieu de vous préparer à partir pour vos caravanes, à bien mériter de votre ordre, vous vous faites des ennemis ! Vous allez composant, écrivant sur le ton du jour ; lisant des pamphlets dans les clubs ! Bientôt on ne distinguera plus un gentilhomme d'un savant.

LÉON, *timidement.*

Mon père, on en distinguera mieux un ignorant d'un homme instruit, et l'homme libre, de l'esclave.

ALMAVIVA.

Discours d'enthousiaste ! on voit où vous en voulez venir, et pour quel parti vous penchez ! (*Il veut sortir.*)

LÉON.

Mon père !...

ALMAVIVA, *dédaigneux.*

Laissez à l'artisan des villes ses locutions triviales ! les gens de notre état ont un langage plus élevé. Qui est-ce qui dit mon père à la cour, Monsieur ? appellez-moi Monsieur..... Son père ! (*Il sort, Léon le suit. Il regarde Bégearss qui fait un geste de compassion.*) Allons, Monsieur Bégearss, allons. (*Il sort.*)

Fin du premier acte.

ACTE DEUXIÈME.
Le Théâtre représente la bibliothèque d'Almaviva.

SCÈNE PREMIERE.
ALMAVIVA.

Puisqu'enfin je suis seul, lisons cet étonnant écrit, qu'un hasard presque inconcevable a fait tomber entre mes mains. (*Il tire de son sein la lettre de l'écrain, en pesant sur tous les mots.*) « Malheureux insensé ! notre sort est rempli. La sur-
» prise nocturne que vous avez osé me faire dans un château
» où vous fûtes élevé, dont vous connaissiez les détours ; la
» violence qui s'en est suivie ; enfin votre crime, le mien...
» le mien... reçoit sa juste punition. Aujourd'hui, jour de Saint-
» Léon, patron de ce lieu et le vôtre, je viens de mettre au
» monde un fils, mon opprobre et mon désespoir. Grâces à
» de tristes précautions, l'honneur est sauf; mais la vertu n'est
» plus. Condamnée désormais à des larmes intarissables, je
» je sens qu'elles n'effaceront point un crime... dont l'effet
» reste subsistant. Ne me voyez jamais ; c'est l'ordre irrévo-
» cable de la misérable Rosine, qui n'ose plus signer un autre
» nom. » (*Il porte ses mains avec sa lettre à son front, et se promène*)... Qui n'ose plus signer un autre nom !... Ah Rosine ! Rosine ! où est le tems... mais tu t'es avilie !... (*Il s'agite.*) Ce n'est point là l'écrit d'une méchante femme ! Un misérable corrupteur !... Mais voyons sa réponse écrite sur la même lettre. (*Il lit.*) « Puisque je ne dois plus vous voir, la vie m'est
» odieuse, et je vais la perdre avec joie dans la vive attaque
» d'un fort où je ne suis point commandé. »

« Je vous renvoie tous vos reproches ; le portrait que j'ai
» fait de vous, et la boucle de cheveux que je vous dérobai.
» L'ami qui vous rendra ceci, quand je ne serai plus, est sûr.
» Il a vu tout mon désespoir. Si la mort d'un infortuné vous
» inspirait un reste de pitié ; parmi les noms qu'on va donner
» à l'héritier... d'un autre plus heureux !... puis-je espérer
» que le nom de *Léon*... vous rappellera quelquefois le sou-

» venir du malheureux qui expira en vous adorant! et signe
» pour la dernière fois : *Chérubin-Léon d'Astorga !* »

Puis, en caractères sanglans !... « Blessé à mort, je r'ouvre
» cette lettre, et vous écris avec mon sang ce douloureux, cet
» éternel adieu. Souvenez-vous »...

Le reste est effacé par des larmes... (*Il s'agite.*) Ce n'est point là non plus l'écrit d'un méchant homme ! Un malheureux égarement... (*Il s'assied, et reste absorbé.*) Je me sens déchiré.

SCENE II.
BÉGEARSS, ALMAVIVA.

BÉGEARSS, *en entrant s'arrête, le regarde, et se mord le doigt avec mystère.*

ALMAVIVA.

Ah ! mon cher ami, venez donc !... vous me voyez dans un accablement...

BÉGEARSS.

Très-effrayant, Monsieur ; je n'osais avancer.

ALMAVIVA.

Je viens de lire cet écrit ! Non, ce n'était point là des ingrats, ni des monstres ; mais de malheureux insensés, comme ils se le disent eux-mêmes.

BÉGEARSS.

Je l'ai présumé comme vous.

ALMAVIVA *se lève et se promène.*

Les misérables femmes ! en se laissant séduire, ne savent guères les maux qu'elles apprêtent... Elles vont, elles vont... les affronts s'accumulent... et le monde injuste et léger accuse un père qui se tait, qui dévore en secret ses peines !... on le taxe de dureté pour les sentimens qu'il refuse au fruit d'un coupable adultère !... Nos désordres à nous, ne leur enlèvent presque rien ; ne peuvent du moins leur ravir la certitude d'être mères, ce bien inestimable de la maternité ! tandis que leur moindre caprice, un goût, l'étourderie la plus légère, détruit dans l'homme le bonheur... le bonheur de toute sa vie ; la sécurité d'être père — Ah ! ce n'est point légèrement qu'on a donné tant d'importance à la fidélité des femmes ! Le bien, le mal de la société, sont attachés à leur conduite ; le paradis, ou l'enfer des familles, dépend à tout jamais de l'opinion qu'elles ont donnée d'elles.

BÉGEARSS.

Calmez-vous ; voici votre fille.

B

SCENE III.

FLORESTINE, ALMAVIVA, BÉGEARSS.

FLORESTINE, *un bouquet au côté.*

On vous disait, Monsieur, si occupé, que je n'ai pas osé vous fatiguer de mon respect.

ALMAVIVA.

Occupé de toi, mon enfant! ma fille; ah je me plais à te donner ce nom; car j'ai pris soin de ton enfance. Le mari de ta mère était fort dérangé. En mourant il ne laissa rien. Elle-même, en quittant la vie, t'a recommandée à mes soins. Je lui engageai ma parole; je la tiendrai, ma fille, en te donnant un noble époux. Je te parle avec liberté devant cet ami qui nous aime. Regarde autour de toi; choisis : ne trouves-tu personne ici digne de posséder ton cœur ?

FLORESTINE, *lui baisant la main.*

Vous l'avez tout entier, Monsieur! et si je me vois consultée, je répondrai que mon bonheur est de ne point changer d'état. Monsieur votre fils en se mariant..... (car, sans doute, vous lui ferez prendre aujourd'hui ce parti) Monsieur votre fils, en se mariant, peut se séparer de son père. Ah! permettez que ce soit moi qui prenne soin de vos vieux jours! c'est un devoir, Monsieur, que je remplirai avec joie.

BÉGEARSS.

Elle est digne, en honneur, de votre confidence entière.... Mademoiselle, embrassez ce bon, ce tendre protecteur. Vous lui devez plus que vous ne pensez. Sa tutelle n'est qu'un devoir; il fut l'ami.... l'ami secret de votre mère.... (*Elle le regarde avec surprise.*) Et, pour tout dire en un seul mot, enfant! vous lui appartenez.

FLORESTINE *se jette à genoux.*

Ah! je démêle maintenant la cause des élans si vifs qui portaient mon âme vers lui..... Monsieur!

ALMAVIVA *la relève.*

Laisse, laisse *Monsieur*, réservé pour l'indifférence; on ne sera point étonné qu'un enfant si reconnaissant me donne un nom plus doux : appelle moi ton père. Tu feras mon bonheur, et comme fille, et comme épouse d'un excellent sujet auquel je veux t'unir; qui possède déjà une assez grande fortune, que l'avenir doit agrandir encore. Lève les yeux autour de toi; ton époux est dans ma maison.....

SCENE IV.

FIGARO, M.me ALMAVIVA, ALMAVIVA, FLORESTINE, BÉGEARSS.

FIGARO, *annonçant.*

Madame Almaviva.

BÉGEARSS *jette un regard furieux sur Figaro.*

(*A part.*) Au diable le faquin!

FLORESTINE *se lève et se jette dans les bras de madame Almaviva.*

Ah! Madame, vous me voyez dans une effusion de joie!.....

BÉGEARSS *la tire avec mystère par la manche de son habit; Figaro l'examine.*

M.me ALMAVIVA, *à Almaviva.*

Figaro m'avait dit que vous vous trouviez mal; effrayée, j'accours, et je vois.....

ALMAVIVA.

Que cet homme officieux vous a fait encore un mensonge.

FIGARO.

Monsieur, quand vous êtes passé, vous aviez un air si défait..... Heureusement il n'en est rien.

M.me ALMAVIVA. *Bégearss l'examine.*

Bonjour, monsieur Bégearss... En effet, Florestine, je te trouve radieuse. Mais, voyez donc comme elle est fraîche et belle! Si le ciel m'eût donné une fille, je l'aurais voulue comme toi, de figure et de caractère. Il faudra bien que tu m'en tiennes lieu. Le veux-tu, Florestine?

FLORESTINE *lui baisant la main.*

Ah! Madame!

M.me ALMAVIVA.

Qui t'a donc fleurie si matin?

FLORESTINE, *avec joie.*

Madame, on ne m'a point fleurie; c'est moi qui ai fait des bouquets. N'est-ce pas aujourd'hui Saint-Léon?

M.me ALMAVIVA.

Charmante enfant, qui n'oublie rien! (*Elle la baise au front.*)

ALMAVIVA *fait un geste terrible. Bégearss le retient.*

M.me ALMAVIVA, *à Figaro.*

Puisque nous voilà rassemblés, avertissez mon fils que nous prendrons ici le chocolat.

FLORESTINE.

Pendant qu'ils vont le préparer, mon parrain, faites-nous donc voir ce beau buste de Washington, que vous avez, dit-on, chez vous.

ALMAVIVA.

J'ignore qui me l'envoie; je ne l'ai demandé à personne, et sans doute il est pour Léon. Il est beau; je l'ai là, dans mon cabinet : venez tous. (*Ils sortent.*)

SCENE V.

FIGARO *seul, rangeant la table et les tasses pour le déjeûner.*

Serpent ou basilic! tu peux me mesurer, me lancer des regards affreux : ce sont les miens qui te tueront! Mais où reçoit-il ses paquets? il ne vient rien de la poste dans la maison. Est-il monté seul de l'enfer?..... Quelqu'autre diable correspond?.... Et moi, je ne puis découvrir....

SCENE VI.
FIGARO, SUZANNE.

SUZANNE *accourt, regarde et dit très-vivement à l'oreille de Figaro.*

C'est lui que la pupille épouse; — il a la promesse d'Almaviva; — il guérira Léon de son amour; il détachera Florestine; — il fera consentir Madame; — il te chasse de la maison; — il cloître ma maitresse, en attendant le divorce; — fait déshériter le jeune homme, et me rend maîtresse de tout. — Voilà les nouvelles du jour. (*Elle s'enfuit.*)

SCENE VII.
FIGARO *seul.*

Non, s'il vous plaît, M. le Major! nous compterons ensemble auparavant. Vous apprendrez de moi qu'il n'y a que les sots qui triomphent. Grâce à l'Ariane Suzon, je tiens le fil du labyrinthe, et le minotaure est cerné. Je t'envelopperai dans tes piéges, et te démasquerai si bien!..... Quel intérêt assez pressant lui fait faire une telle école, et desserre les dents d'un tel homme? S'en croirait-il assez sûr pour.... La sotise et la vanité sont compagnes inséparables! — Mon politique babille et se confie! il a perdu le coup : *y a faute.*

SCENE VIII.
GUILLAUME, FIGARO.

GUILLAUME *avec une lettre.*

Meisseir Bégearss, ché vois qu'il est pas pour ici!

FIGARO *rangeant le déjeûner.*

Tu peux l'attendre, il va rentrer.

GUILLAUME, *reculant.*

Meingoth, ch'attendrai pas, Meissieir, en gombagnie té vous. Mon maitre, il voudrait point, je chure....

FIGARO.

Il te le défend! hé bien, donne la lettre; je vais la lui rendre en rentrant.

GUILLAUME *reculant.*

Pas plis à vous, té lettres. O tiaple! il voudra pientôt me jasser.

FIGARO *à part.*

Il faut pomper le sot. — Tu viens de la poste, je crois.

GUILLAUME.

Tiaple! non, ché viens pas.

FIGARO.

C'est, sans doute, quelque missive du Gentleman...... du parent irlandais dont il vient d'hériter? Tu sais cela, toi, bon Guillaume?

GUILLAUME *riant niaisement.*

Lettre d'un qui est mort. Meissier, non, ché vous prie! Celui-là, ché crois, pas partié : ce sera bien plitôt d'un autre. Peut-être il viendrait d'un qu'ils sont là........ pas contens dehors.

FIGARO.

D'un de nos mécontens, dis-tu?

GUILLAUME.

Oui, mais chasseire pas....

FIGARO *à part*

Cela se peut; il est fourré dans tout. (*A Guillaume.*) On pourrait voir au timbre, et s'assurer....

GUILLAUME.

Chasseire pas pourquoi : les lettres, il vient chez M. O'connor. Et puis je sais pas quoi, c'est timbré, moi.

FIGARO *vivement.*

O'connor, banquier irlandais.

GUILLAUME.

Mon foi !....

FIGARO *revient à lui froidement.*

Ici près, derrière l'hôtel ?

GUILLAUME.

Ein fort choli maisson, partie ! tes chens très..... beaucoup gratieux, si chosse dire. (*Il se retire à l'écart.*)

FIGARO *à lui-même.*

O fortune ! ô bonheur !

GUILLAUME, *revenant.*

Parle pas, fous, de sté panquier; pour personne, entende fous. Chaurais pas du.... Tertaifle ! (*Il tape du pied.*)

FIGARO.

Vas ! je n'ai garde. Ne crains rien.

GUILLAUME.

Mon maître y dit, Meissieir, vous afre tout l'esprit, et moi pas.... alors c'est chiste. Mais peut être ché suis mécontent d'avoir dit à fous....

FIGARO.

Et pourquoi ?

GUILLAUME.

Ché sais pas. — La valet trahir, voye fous....l'être un péché... qu'il est par pare, vil.... et même puéril.

FIGARO.

Il est vrai; mais tu n'as rien dit.

GUILLAUME.

Mon tié ! mon tié ! che sais pas là.... quoi, tire ou non.... Ah ! (*Il se retire en soupirant.*)

FIGARO *à part.*

Quelle découverte ! Hasard, je te salue. (*Il cherche ses tablettes.*) Il faut pourtant que je démêle comment un homme si caverneux s'arrange d'un tel imbécille !... De même que les brigands redoutent les réverbères... Oui, mais un sot est un fallot; la lumière passe à travers. (*Il dit, en écrivant sur ses tablettes:*) O'connor, *banquier irlandais.* C'est-là qu'il faut que j'établisse mes recherches. Ce moyen-là n'est pas trop légal. *Ma ! perdio ! l'utilité !* et puis, j'ai mes exemples ! (*Il écrit.*) Quatre ou cinq écus d'or au valet chargé du détail de la poste, pour ouvrir dans un cabaret chaque lettre de l'écriture d'*Honoré Tartuffe Bégearss....* Monsieur le Tartuffe Honoré; vous cesserez enfin de l'être ! Un dieu m'a mis sur votre piste. (*Il serre ses tablettes.*) Hasard, dieu méconnu, les anciens t'appelaient Destin; nos gens te donnent un autre nom....

SCENE IX.

Mme. ALMAVIVA; ALMAVIVA, FLORESTINE, BÉGEARSS, FIGARO, GUILLAUME.

BÉGEARSS *aperçoit Guillaume, et dit avec humeur, en lui prenant la lettre* :

Ne peux-tu pas me les garder chez moi ?

GUILLAUME.

Ché crois celui-ci ; c'est tout comme. (*Il sort.*)

Mme. ALMAVIVA.

Monsieur, c'est un très-beau morceau. Votre fils l'a-t-il vu ?

BÉGEARSS, *la lettre ouverte*

Ah! lettre de Madrid, du secrétaire du ministre. Il y a un mot qui vous regarde. (*Il lit.*) » Dites à votre protecteur, Almaviva, que le courier qui part demain lui porte l'agrément de la cour pour l'échange de toutes ses terres. »

FIGARO *écoute et se fait, sans parler, un signe d'intelligence.*

Mme. ALMAVIVA.

Figaro ? dis donc à mon fils que nous déjeûnons tous ici.

FIGARO.

Madame, je vais l'avertir. (*Il sort.*)

SCENE X.

Mme. ALMAVIVA, ALMAVIVA, FLORESTINE, BÉGEARSS.

ALMAVIVA, *à Bégearss.*

J'en veux donner avis sur-le-champ à mon acquéreur. Envoyez-moi du thé dans mon arrière-cabinet.

FLORESTINE.

Bon petit papa, c'est moi qui vous le porterai.

ALMAVIVA, *bas à Florestine.*

Pense beaucoup au peu que je t'ai dit. (*Il sort.*)

SCENE XI.

LÉON, Mme. ALMAVIVA, FLORESTINE, BÉGEARSS.

LÉON, *avec chagrin.*

Mon père s'en va quand j'arrive : il m'a traité avec une rigueur....

M#me#. ALMAVIVA, *sévèrement.*

Mon fils quels discours tenez-vous ? Dois-je me voir toujours froissée par l'injustice de chacun ? Votre père a besoin d'écrire à la personne qui échange ses terres.

FLORESTINE, *gaiement.*

Vous regrettez votre papa ; nous aussi nous le regrettons : cependant, comme il sait que c'est aujourd'hui votre fête, il m'a chargé, Monsieur, de vous présenter ce bouquet. (*Elle lui fait une grande révérence.*)

LÉON, *pendant qu'elle l'ajuste à sa boutonnière.*

Il n'en pouvait prier quelqu'un qui me rendit ses bontés aussi chères... (*Il l'embrasse.*)

FLORESTINE, *se débattant*

Voyez, Madame, si jamais on peut badiner avec lui, sans qu'il abuse au même instant....

M#me#. ALMAVIVA, *souriant.*

Mon enfant, le jour de sa fête on peut lui passer quelque chose.

FLORESTINE, *baissant les yeux.*

Pour l'en punir, Madame, faites-lui dire le discours qui fut, dit-on, tant applaudi hier au club.

LÉON.

Si maman juge que j'ai tort, j'irai chercher ma pénitence.

FLORESTINE.

Ah ! Madame, ordonnez-le lui.

M#me#. ALMAVIVA.

Apportez-nous, mon fils, votre discours : moi, je vais prendre quelque ouvrage pour l'écouter avec plus d'attention.

FLORESTINE *gaiement*

Obstiné ! c'est bien fait ; et je l'entendrai malgré vous.

LÉON, *tendrement.*

Malgré moi, quand vous l'ordonnez ! Ah ! Florestine, j'en défie.

(*Madame Almaviva et Léon sortent chacun de leur côté.*)

SCENE XII.

FLORESTINE, BÉGEARSS.

BÉGEARSS, *bas*

Eh bien ! Mademoiselle, avez-vous deviné l'époux qu'on vous destine ?

FLORESTINE *avec joie.*

Mon cher monsieur Bégearss, vous êtes à tel point notre ami, que je me permettrai de penser tout haut avec vous. Sur qui puis-je porter les yeux ? L'époux qu'il me destine est, dit-il, dans cette maison. Je vois l'excès de sa bonté : ce ne peut être que Léon ; mais moi, sans biens, dois-je abuser...,.

BÉGEARSS *d'un ton terrible.*

Qui ? Léon ! son fils, votre frère !

FLORESTINE, *avec un cri douloureux.*

Ah Monsieur !

BÉGEARSS.

Réveillez-vous, ma chère enfant ; écartez un songe trompeur, qui pouvait devenir funeste.

FLORESTINE.

Ah oui ! funeste pour tous deux !

BÉGEARSS.

Vous sentez qu'un pareil secret doit rester caché dans votre âme. (*Il sort en la regardant*)

SCENE XIII.

FLORESTINE, *seule et pleurant*

A quoi pensais-je donc ? O ciel ! il est mon frère, et j'ose avoir pour lui... Quel coup d'une lumière affreuse ! et dans un tel sommeil, qu'il est cruel de s'éveiller !

(*Elle tombe accablée sur un siége.*)

SCENE XIV.

LÉON, *un papier à la main*, FLORESTINE.

LÉON, *joyeux.*

Maman n'est pas rentrée, et M. Bégearss est sorti. Profitons d'un moment heureux. Florestine, vous êtes ce matin, et toujours. d'une beauté parfaite ; mais vous avez un air de joie, un ton aimable de gaieté qui ranime mes espérances.

FLORESTINE, *au désespoir.*

Ah Léon !.... (*Elle retombe.*)

LÉON.

Ciel ! vos yeux noyés de larmes, et votre visage défait m'annoncent quelque grand malheur.

FLORESTINE.

Des malheurs ! Ah Léon ! il n'y en a que pour moi.

LA MERE COUPABLE,

LÉON.

Florestine, ne m'aimez-vous plus ? Lorsque mes sentimens pour vous...

FLORESTINE, *d'un ton absolu.*

Vos sentimens ! ne m'en parlez jamais.

LÉON.

Quoi ! l'amour le plus pur....

FLORESTINE, *au désespoir.*

Finissez ces cruels discours ; ou je vais vous fuir à l'instant.

LÉON.

Grand Dieu ! qu'est-il donc arrivé ? M. Bégearss vous a parlé, Mademoiselle ; je veux savoir ce que vous a dit ce Bégearss ?

SCÈNE XV.

Mme. ALMAVIVA, FLORESTINE, LÉON.

LÉON.

Maman, venez à mon secours. Vous me voyez au désespoir : Florestine ne m'aime plus.

FLORESTINE, *pleurant.*

Moi, Madame, ne plus l'aimer ! Mon parrain, vous et lui ; c'est le cri de ma vie entière...

Mme. ALMAVIVA.

Mon enfant, je n'en doute pas : ton cœur excellent m'en répond. Mais de quoi donc s'afflige-t-il ?

LÉON.

Maman, vous avez approuvé l'ardent amour que j'ai pour elle.

FLORESTINE, *se jetant dans les bras de madame Almaviva en pleurant.*

Ordonnez-lui donc de se taire ; il me fait mourir de douleur.

Mme. ALMAVIVA.

Mon enfant, je ne t'entends point ; ma surprise égale la sienne.. Elle frissonne ! Qu'a-t-il donc fait qui puisse te déplaire ?

FLORESTINE *se renversant sur elle.*

Madame, il ne me déplaît point : je l'aime et le respecte à l'égal de mon frère ; mais qu'il n'exige rien de plus.

LÉON.

Vous l'entendez, maman. Cruelle fille, expliquez-vous.

FLORESTINE.

Laissez-moi, laissez-moi, ou vous me causerez la mort.

SCENE XVI.

Mme. ALMAVIVA, FLORESTINE, LÉON, FIGARO *arrivant avec l'équipage du thé;* SUZANNE, *de l'autre côté, avec un métier de tapisserie.*

Mme. ALMAVIVA.

Remporte tout, Suzanne; il n'est pas plus question de déjeûner que de lecture. Vous, Figaro; servez du thé à votre maitre; il écrit dans son cabinet. Et toi, ma Florestine, viens dans le mien rassurer ton amie. Mes chers enfans, je vous porte en mon cœur: pourquoi l'affligez-vous l'un après l'autre, sans pitié? Il y a ici des choses qu'il m'est important d'éclaircir. *(Elles sortent.)*

SCENE XVII.
SUZANNE, FIGARO, LÉON.

SUZANNE, *à Figaro.*

Je ne sais pas de quoi il est question: mais je parierais bien que c'est-là du Bégearss tout pur. Je veux absolument prémunir ma maitresse.

FIGARO.

Attends que je sois plus instruit. Nous nous concerterons ce soir. Oh! j'ai fait une découverte...

SUZANNE.

Et tu me la diras. *(Elle sort.)*

SCENE XVIII.
FIGARO, LÉON.

LÉON, *désolé.*

Ah Dieux!

FIGARO.

De quoi s'agit-il donc, Monsieur?

LÉON.

Hélas! je l'ignore moi-même. Jamais je n'avais vu Florestine de si belle humeur, et je savais qu'elle avait eu un entretien avec mon père. Je la laisse un instant avec M. Bégearss; je la trouve seule en entrant, les yeux remplis de larmes, et m'ordonnant de la fuir pour toujours. Que peut-il donc lui avoir dit?

FIGARO.

Si je ne craignais pas votre vivacité, je vous instruirais sur des points qu'il vous importe de savoir. Mais, lorsque nous avons besoin d'une grande prudence, il ne faudrait qu'un mot de vous, trop vif, pour me faire perdre le fruit de dix années d'observations.

LÉON.

Ah ! s'il ne faut qu'être prudent.... Que crois-tu donc qu'il lui ai dit ?

FIGARO.

Qu'elle doit accepter Honoré Bégearss pour époux ; que c'est une affaire arrangée entre monsieur votre père et lui.

LÉON.

Entre mon père et lui ! Le traître aura ma vie.

FIGARO.

Avec ces façons-là, Monsieur, le traître n'aura pas votre vie ; mais il aura votre maîtresse, et votre fortune avec elle.

LÉON.

Eh bien ! ami, pardon : apprends-moi ce que je dois faire ?

FIGARO.

Deviner l'énigme du Sphinx, ou bien en être dévoré. En d'autres termes, il faut vous modérer, le laisser dire, et dissimuler avec lui.

LÉON, *avec fureur.*

Me modérer !..., Oui, je me modérai ; mais j'ai la rage dans le cœur. M'enlever Florestine ! Ah ! le voici qui vient ; je vais m'expliquer..... froidement.

FIGARO.

Tout est perdu si vous vous échappez.

SCENE XIX.
BÉGEARSS, FIGARO, LÉON.

LÉON, *se contenant mal.*

Monsieur, monsieur, un mot. Il importe à votre repos que vous répondiez sans détour. Florestine est au désespoir Qu'avez-vous dit à Florestine ?

BÉGEARSS *d'un ton glacé.*

Et qui vous dit que je lui ai parlé ? ne peut-elle avoir des chagrins sans que j'y sois pour quelque chose ?

LÉON *vivement.*

Point d'évasion, Monsieur ; elle était d'une humeur charmante : en sortant d'avec vous on la voit fondre en larmes. De quelque part qu'elle en reçoive, mon cœur partage ses chagrins. Vous m'en direz la cause, ou bien vous m'en ferez raison.

BÉGEARSS.

Avec un ton moins absolu, on peut tout obtenir de moi. Je ne sais point céder à des menaces.

LÉON *furieux*.

Eh bien! perfide, défends-toi : j'aurai ta vie, ou tu auras la mienne. (*Il met la main à son épée.*)

FIGARO *les arrête*.

Monsieur Bégears! au fils de votre ami, dans sa maison, où vous logez.....

BÉGEARSS.

Je sais trop ce que je me dois. Je vais m'expliquer avec lui; mais je ne veux point de témoins. Sortez, et laissez-nous ensemble.

LÉON.

Va, mon cher Figaro; tu vois qu'il ne peut m'échapper : ne lui laissons aucune excuse.

FIGARO *à-part*.

Moi, je cours avertir son père. (*Il sort.*)

SCENE XX.
LÉON, BÉGEARS.

LÉON *lui barrant la porte*.

Il vous convient peut-être mieux de vous battre que de parler. Vous êtes le maître du choix; mais je n'admettrai rien d'étranger à ces deux moyens.

BÉGEARSS *froidement*.

Léon, un homme d'honneur n'égorge pas le fils de son ami. Devais-je m'expliquer devant un malheureux valet, insolent d'être parvenu à presque gouverner son maître?

LÉON *s'asseyant*.

Au fait, Monsieur; je vous attends.

BÉGEARSS.

Ah! que vous allez regretter une fureur déraisonnable!

LÉON.

C'est ce que nous verrons bientôt.

BÉGEARSS *affectant une dignité froide*.

Léon, vous aimez Florestine; il y a long-tems que je le vois. Tant que votre frère a vécu, je n'ai point cru devoir servir un amour malheureux, qui ne vous conduisait à rien; mais depuis qu'un funeste duel, disposant de sa vie, vous a mis en sa place, j'ai eu l'orgueil de croire mon influence capable de disposer monsieur votre père à vous unir à celle que vous aimez. Je l'attaquais de toutes les manières ; une résistance invincible a repoussé tous mes efforts. Désolé de le voir rejeter un projet qui me paraissait fait pour le bonheur de tous.... Pardon, mon jeune ami ; je vais vous affliger ; mais il le faut en ce moment, pour vous sauver d'un malheur éternel. Rappelez bien votre raison ; vous allez en avoir besoin ! — J'ai forcé votre père à rompre le silence, à me confier son secret.... O mon ami ! m'a-t-il dit enfin, je connais l'amour de mon fils ; mais puis-je lui donner Florestine pour femme ? celle que l'on croit ma pupille... elle est ma fille, elle est sa sœur.

LÉON *reculant vivement.*

Florestine !.... ma sœur !....

BÉGEARSS.

Voilà le mot qu'un sévère devoir.... ah ! je vous le dois à tous deux ; mon silence pouvait vous perdre. Eh bien ! Léon, voulez-vous vous battre avec moi ?

LÉON *lui serrant les mains.*

Mon généreux ami ! je ne suis qu'un ingrat, un monstre ; oubliez ma rage insensée.....

BÉGEARSS *bien tartuffe.*

Mais c'est à condition que ce fatal secret ne sortira jamais.... Dévoiler la honte d'un père, ce serait un crime....

LÉON *se jetant dans ses bras.*

Ah ! jamais.

SCÈNE XXI.

ALMAVIVA, FIGARO, LÉON, BÉGEARSS.

FIGARO *accourant.*

Les voilà, les voilà.

ALMAVIVA.

Dans les bras de l'un de l'autre. Eh ! vous perdez l'esprit.

FIGARO *stupéfait.*

Ma foi ! Monsieur.... on le perdrait à moins !

ALMAVIVA, *à Figaro.*

M'expliquerez-vous cette énigme ?

LÉON, *tremblant.*

Ah ! c'est à moi, mon père, à l'expliquer. Pardon, je dois mourir de honte. Sur un sujet assez frivole, je m'étais..... beaucoup oublié. Son caractère généreux, non seulement me rend à la raison, mais il a la bonté d'excuser ma folie, en me

DRAME. 31

la pardonnant. Je lui en rendais grâces, lorsque vous nous avez surpris.

ALMAVIVA.

Ce n'est pas la centième fois que vous lui devez de la reconnaissance : au fait, nous lui en devons tous.

FIGARO, *sans parler, se donne un coup de poing au front.*

BÉGEARS *l'examine et sourit.*

ALMAVIVA *à son fils.*

Retirez-vous, Monsieur ; votre aveu seul enchaîne ma colère.

BÉGEARSS.

Ah Monsieur ! tout est oublié.

ALMAVIVA *à Léon.*

Allez vous repentir d'avoir manqué à mon ami, au vôtre, à l'homme le plus vertueux....

LEON *s'en allant.*

Je suis au désespoir.

FIGARO, *à part avec colère.*

C'est une légion de diables enfermés dans un seul pourpoint.

SCENE XXII.

ALMAVIVA, BÉGEARSS, FIGARO.

ALMAVIVA *à Bégearss, à part.*

Mon ami, finissons ce que nous avons commencé. (*A Figaro.*) Vous, Monsieur l'étourdi, avec vos belles conjectures, donnez-moi les trois millions d'or que vous m'avez vous-même apportés de Cadix, en soixante effets au porteur. Je vous avais chargé de les numéroter.

FIGARO.

Je l'ai fait.

ALMAVIVA.

Remettez-m'en le porte-feuille.

FIGARO.

De quoi ! de ces trois millions d'or ?

ALMAVIVA.

Sans doute. Eh bien ! qui vous arrête ?

FIGARO *humblement.*

Moi, Monsieur.... je ne les ai plus.

BÉGEARSS.

Comment ! vous ne les avez plus ?

FIGARO *fièrement.*

Non, Monsieur.

BÉGEARSS, *vivement.*

Qu'en avez-vous fait?

FIGARO.

Lorsque mon maître m'interroge, je lui dois compte de mes actions; mais à vous, je ne vous dois rien.

ALMAVIVA *en colère.*

Insolent! qu'en avez-vous fait?

FIGARO *froidement.*

Je les ai portés en dépôt chez M. Fal, votre notaire.

BÉGEARSS.

Mais de l'avis de qui?

FIGARO *fièrement.*

Du mien; et j'avoue que j'en suis toujours.

BÉGEARSS.

Je vais gager qu'il n'en est rien.

FIGARO.

Comme j'ai sa reconnaissance, vous courez risque de perdre la gageure.

BÉGEARSS.

Ou s'il l'a remis, c'est pour agioter. Ces gens-là partagent ensemble.

FIGARO.

Vous pourriez un peu mieux parler d'un homme qui vous a obligé.

BÉGEARSS.

Je ne lui dois rien.

FIGARO.

Je le crois, quand on a hérité de quarante mille doublons de 8.

ALMAVIVA, *se fâchant.*

Avez-vous donc quelque remarque à nous faire aussi là-dessus?

FIGARO.

Qui moi, Monsieur? j'en doute d'autant moins, que j'ai beaucoup connu le parent dont Monsieur hérite; un jeune homme assez libertin, joueur, prodigue et querelleur, sans frein, sans mœurs, sans caractère, et n'ayant rien à lui, pas même les vices qui l'ont tué, qu'un combat des plus malheureux....

ALMAVIVA *frappe du pied.*

BÉGEARSS *en colère.*

Enfin nous direz-vous pourquoi vous avez déposé cet or?

FIGARO.

Ma foi, Monsieur, c'est pour n'en être plus chargé. Ne pouvait-on pas le voler? que sait-on? il s'introduit souvent de grands fripons dans les maisons....

BÉGEARSS *en colère.*

Pourtant, Monsieur veut qu'on le rende.

FIGARO.

Monsieur peut l'envoyer chercher.

BÉGEARSS.

Mais ce notaire s'en dessaisira-t-il, s'il ne voit son récipissé?

FIGARO.

Je vais le remettre à Monsieur; et quand j'aurai fait mon devoir, s'il en arrive quelque mal, il ne pourra s'en prendre à moi.

ALMAVIVA.

Je l'attends dans mon cabinet....

FIGARO.

Je vous préviens que M. Fal ne les rendra que sur votre reçu; je le lui ai recommandé. (*Il sort.*)

SCENE XXIII.

ALMAVIVA, BÉGEARSS.

BÉGEARSS *en colère.*

Comblez cette canaille, et voyez ce qu'elle devient? En vérité, Monsieur, mon amitié me force à vous le dire : vous devenez trop confiant. Il a deviné nos secrets. De valet, barbier, chirurgien, vous l'avez établi trésorier-secrétaire, une espèce de factotum; il est notoire que ce Monsieur fait bien ses affaires avec vous.

ALMAVIVA.

Sur la fidélité, je n'ai rien à lui reprocher; mais il est vrai qu'il est d'une arrogance....

BÉGEARSS.

Vous avez un moyen de vous en délivrer, en le récompensant.

ALMAVIVA.

Je le voudrais souvent.

BÉGEARSS *confidentiellement.*

En envoyant votre fils voyager, sans doute vous voulez qu'un

C

homme affidé le surveille ? Celui-ci, trop flatté d'un aussi honorable emploi, ne peut manquer de l'accepter. Vous en voilà défait pour bien du tems.

ALMAVIVA.

Vous avez raison, mon ami ; aussi bien, m'a-t-on dit, qu'il vit très-mal avec sa femme. (*Il sort.*)

SCENE XXIV.

BÉGEARSS, *seul.*

Encore un pas de fait !... Ah noble espion, la fleur des drôles, qui faites ici le bon valet, et voulez nous souffler la dot en nous donnant des noms de comédie ! Grâces aux soins d'Honoré Tartuffe, vous irez partager le malaise des caravannes, et finirez vos inspections sur nous.

Fin du second acte.

ACTE TROISIÈME.

Le Théâtre représente le cabinet de Madame Almaviva, orné de fleurs de toutes parts.

SCENE PREMIERE.
Mme. ALMAVIVA, SUZANNE.

Mme. ALMAVIVA.

JE n'ai rien pu tirer de cette enfant ; ce sont des pleurs, des étouffemens.... Elle se croit des torts envers moi, m'a demandé cent fois pardon ; elle veut aller au couvent. Si je rapproche tout ceci de sa conduite envers mon fils, je présume qu'elle se reproche d'avoir écouté son amour, entretenu ses espérances, ne se croyant pas un parti assez considérable pour lui. Charmante délicatesse ! excès d'une aimable vertu ! monsieur Bégearss apparemment lui en a touché quelques mots qui l'auront amenée à s'affliger sur elle ; car c'est un homme si scrupuleux et si délicat sur l'honneur, qu'il s'exagère quelquefois, et se fait des fantômes où les autres ne voient rien.

SUZANNE.

J'ignore d'où provient le mal ; mais il se passe ici des choses bien étranges ; quelque démon y souffle un feu secret. Notre maitre est sombre à périr ; il nous éloigne tous de lui. Vous êtes sans cesse à pleurer : Mademoiselle est suffoquée, Monsieur votre fils désolé... monsieur Bégearss lui seul imperturbable comme un dieu, semble n'être affecté de rien, voit tous vos chagrins d'un œil sec...

Mme. ALMAVIVA.

Mon enfant, son cœur les partage. Hélas ! sans ce consolateur qui verse un baume sur nos plaies, dont la sagesse nous soutient, adoucit toutes les aigreurs, calme mon irascible époux, nous serions bien plus malheureux.

SUZANNE.

Je souhaite, Madame, que vous ne vous abusiez pas.

Mme. ALMAVIVA.

Je t'ai vue autrefois lui rendre plus de justice. *(Suzanne baisse les yeux.)* Au reste il peut seul me tirer du trouble où cette enfant m'a mise ; fais-le prier de descendre chez moi.

SUZANNE.

Le voici qui vient à propós; vous vous ferez coëffer plus tard. *(Elle sort.)*

SCENE II.
Mme. ALMAVIVA, BÉGEARSS.

Mme. VLMAVIVA, *douloureusement*.

Ah! mon pauvre major! que se passe-t-il donc ici? touchons-nous enfin à la crise que j'ai si long-tems redoutée, que j'ai vue de loin se former? L'éloignement de mon époux pour mon malheureux fils, semble augmenter de jour en jour. Queque lumière fatale aura pénétré jusqu'à lui.

BÉGEARSS.

Madame, je ne le crois pas.

Mme. ALMAVIVA.

Depuis que le ciel m'a punie par la mort de mon fils aîné, je vois mon époux absolument changé; au lieu de travailler avec l'ambassadeur à Rome pour rompre les vœux de Léon, je le vois s'obstiner à l'envoyer à Malthe. Je sais de plus, monsieur Bégearss, qu'il dénature sa fortune, et veut abandonner l'Espagne pour s'établir dans ce pays. L'autre jour à diner, devant trente personnes, il raisonna sur le divorce, d'une façon à me faire frémir.

BÉGEARSS.

J'y étais, je m'en souviens trop.

Mme. ALMAVIVA, *en larmes*.

Pardon, mon digne ami; je ne puis pleurer qu'avec vous.

BÉGEARSS.

Déposez vos douleurs dans le sein d'un homme sensible.

Mme. ALMAVIVA.

Enfin, est-ce lui, est-ce vous qui avez déchiré le cœur de Florestine? Je la destinais à mon fils. Née sans bien, il est vrai, mais belle et vertueuse, élevée au milieu de nous; mon fils, devenu héritier, n'en a-t-il pas assez pour deux?

BÉGEARSS.

Que trop, peut-être; et c'est d'où vient le mal!

Mme. ALMAVIVA.

Mais, comme si le ciel n'eût attendu aussi long-tems que pour me mieux punir d'une imprudence tant pleurée; tout semble s'unir à la fois pour renverser mes espérances. Mon époux déteste mon fils; Florestine renonce à lui; aigrie par je ne sais quel motif, elle veut le fuir pour toujours. Il en mourra le malheureux, voilà ce qui est bien certain. (*Elle joint les mains.*) Ciel vengeur! après vingt années de larmes et de repentir, me réservez-vous à l'horreur de voir ma faute découverte? Ah! que je sois seule misérable! mon dieu, je ne m'en plaindrai pas! mais que mon fils ne porte point la peine d'un crime qu'il n'a pas commis! Connaissez-vous, monsieur Bégearss, quelque remède à tant de maux?

BÉGEARSS.

Oui, femme respectable, et je venais exprès dissiper vos terreurs. Quand on craint une chose, tous nos regards se portent vers cet objet trop alarmant: quoi qu'on dise ou qu'on fasse, la frayeur empoisonne tout; enfin, je tiens la clef de ces énigmes. Vous pouvez être encore heureuse.

Mme. ALMAVIVA.

L'est-on avec une âme déchirée de remords?

BÉGEARSS.

Votre époux ne fuit point Léon; il ne soupçonne rien sur le secret de sa naissance.

Mme. ALMAVIVA, *vivement.*

Monsieur Bégearss!

BÉGEARSS.

Et tous ces mouvemens que vous prenez pour de la haine, ne sont que l'effet d'un scrupule. O que je vais vous soulager!

Mme. ALMAVIVA, *ardemment.*

Mon cher monsieur Bégearss!

BÉGEARSS.

Mais enterrez dans ce cœur allégé, le grand mot que je vais vous dire. Votre secret à vous, c'est la naissance de Léon! Le sien est celle de Florestine. (*Plus bas.*) Il est son tuteur.... et son père.

Mme. ALMAVIVA, *s'écrie.*

Dieu tout-puissant, qui me prends en pitié!

BÉGEARSS.

Jugez de sa frayeur en voyant ces enfans amoureux l'un de l'autre! Ne pouvant dire son secret, ni supporter qu'un tel attachement devînt le fruit de son silence; il est resté sombre, bizarre; et s'il veut éloigner son fils, c'est pour éteindre, s'il le peut, par cette absence et par ces vœux, un malheureux amour qu'il croit ne pouvoir tolérer.

Mme. ALMAVIVA, *à genoux, priant avec ardeur*.

Source éternelle de bienfaits ! ô mon Dieu ! tu permets qu'en partie je répare la faute involontaire qu'un insensé me fit commettre ; que j'aie de mon côté quelque chose à remettre à cet époux que j'offensai ! O Almaviva ! mon cœur flétri, fermé par vingt années de peines, va se r'ouvrir enfin pour toi ! Florestine est ta fille, elle me devient chère comme si mon sein l'eût portée ; faisons sans nous parler, l'échange de notre indulgence ! O monsieur Bégearss, achevez ?

BÉGEARSS *la relève*.

Mon amie, je n'arrête point ces premiers élans d'un bon cœur ; les émotions de la joie ne sont point dangereuses comme celles de la tristesse ; mais au nom de votre repos, écoutez-moi jusqu'à la fin.

Mme. ALMAVIVA.

Parlez, mon généreux ami, vous à qui je dois tout, parlez.

BÉGEARSS.

Votre époux, cherchant un moyen de garantir sa Florestine de cet amour, qu'il croit incestueux, m'a proposé de l'épouser ; mais, indépendamment du sentiment profond et malheureux que mon respect pour vos douleurs...

Mme. ALMAVIVA, *douloureusement*.

Ah mon ami, par compassion pour moi ! .

BÉGEARSS.

N'en parlons plus. Quelques mots d'établissement, tournés d'une forme équivoque, ont fait penser à Florestine qu'il était question de Léon. Son jeune cœur s'en épanouissait quand un valet vous annonça. Sans m'expliquer depuis sur les vues de son père, un mot de moi, la ramenant aux sévères idées de la fraternité, a produit cet orage, et la religieuse horreur dont votre fils ni vous ne pénétriez le motif.

Mme. ALMAVIVA.

Il en était bien loin, le pauvre enfant.

BÉGEARSS, *souriant*.

Maintenant qu'il vous est connu, devons-nous suivre ce projet d'une union qui répare tout ?...

Mme. ALMAVIVA, *vivement*.

Il faut s'y tenir, mon ami ; mon cœur et mon esprit sont d'accord sur ce point, et c'est à moi de la déterminer. Par-là, nos secrets sont couverts ; nul étranger ne les pénétrera. Après vingt années de souffrances nous passerons des jours heureux ; et c'est à vous, mon digne ami, que ma famille les devra.

BÉGEARSS, *élevant le ton.*

Pour que rien ne les trouble plus, il faut encore un sacrifice, et mon amie est digne de le faire.

Mme. ALMAVIVA.

Hélas! je veux les faire tous.

BÉGEARSS, *l'air imposant.*

Ces lettres, ces papiers d'un infortuné qui n'est plus, il faudra les réduire en cendres.

Mme. ALMAVIVA, *avec douleur.*

Ah! Dieu!

BÉGEARSS.

Quand cet ami mourant me chargea de vous les faire remettre, son dernier ordre fut qu'il fallait sauver notre honneur, en ne laissant aucune trace de ce qui pouvait l'altérer.

Mme. ALMAVIVA.

Dieu! Dieu!

BÉGEARSS.

Vingt ans se sont passés sans que j'aie pu obtenir que ce triste aliment de votre éternelle douleur s'éloignât de vos yeux; mais, indépendamment du mal que tout cela vous fait, voyez quel danger vous courez!

Mme. ALMAVIVA.

Eh! que peut-on avoir à craindre?

BÉGEARSS *regardant si on ne peut l'entendre.*

Je ne soupçonne point Suzanne; mais une femme de chambre instruite que vous conservez ces papiers, ne pourrait-elle pas un jour s'en faire un moyen de fortune? Un seul remis à votre époux, que peut-être il paierait bien cher, vous plongerait dans des malheurs...

Mme. ALMAVIVA.

Non, Suzanne a le cœur trop bon...

BÉGEARSS, *d'un ton plus ferme.*

Ma respectable amie, vous avez payé votre dette à la tendresse, à la douleur, à vos devoirs de tous les genres; et, si vous êtes satisfaite de la conduite d'un ami, j'en veux avoir la récompense : il faut brûler tous ces papiers, éteindre tous ces souvenirs, d'une faute autant expiée! Mais, pour ne jamais revenir sur un sujet si douloureux, j'exige que le sacrifice en soit fait dans ce même instant.

Mme. ALMAVIVA, *tremblante.*

Je crois entendre Dieu qui parle; il m'ordonne de l'oublier, de déchirer le crêpe obscur dont sa mort a couvert ma vie.

Oui, mon Dieu, je vais obéir à cet ami que vous m'avez donné. (*Elle sonne.*) Ce qu'il exige en votre nom, mon repentir le conseillait, mais ma faiblesse a combattu.

SCENE III.
SUZANNE, Mme. ALMAVIVA, BÉGEARSS.

Suzanne! apporte-moi le coffret de mes diamans : — non, je vais le prendre moi-même ; il te faudrait chercher la clef... (*Elle sort.*)

SCENE IV.
SUZANNE, BÉGEARSS.

SUZANNE, *un peu troublée.*

Monsieur Bégearss, de quoi s'agit-il donc? toutes les têtes sont renversées; cette maison ressemble à l'hôpital des fous. Madame pleure; Mademoiselle étouffe; Léon parle de se noyer; Monsieur est enfermé, et ne veut voir personne. Pourquoi ce coffre aux diamans inspire-t-il en ce moment tant d'intérêt à tout le monde?

BÉGEARSS, *mettant son doigt sur sa joue, en signe de mystère.*

Chu u ut... ne montre ici nulle curiosité! tu le sauras dans peu. Tout va bien, tout est bien; cette journée vaut... chut!...

SCENE V.
Mme. ALMAVIVA, BÉGEARSS, SUZANNE.

Mme. ALMAVIVA *tenant le coffret aux diamans.*

Suzanne, apporte-nous du feu dans le brazero du boudoir.

SUZANNE.

Si c'est pour brûler des papiers, la lampe de nuit allumée, est encore là dans l'athénienne. (*Elle l'avance.*)

Mme. ALMAVIVA.

Veille à la porte; et que personne n'entre.

SUZANNE *en sortant, à part.*

Courons auparavant avertir Figaro.

SCENE VI.
Mme. ALMAVIVA, BÉGEARSS.

BÉGEARSS.

Combien j'ai souhaité pour vous le moment auquel nous touchons!

Mme. ALMAVIVA, *étouffée.*

O mon ami! quel jour nous choisissons pour consommer ce sacrifice! celui de la naissance de mon malheureux fils. A cette époque, tous les ans, leur consacrant cette journée, je demandais pardon au ciel, et je m'abreuvai de mes larmes, en relisant ces tristes lettres. Je me rendais au moins le témoignage qu'il y eut entre nous plus d'erreur que de crime. Ah! faut-il donc brûler tout ce qui me reste de lui?

BÉGEARSS

Quoi, Madame, détruirez-vous ce fils qui vous le représente? ne lui devez-vous pas un sacrifice qui le préserve de mille affreux dangers? Vous vous le devez à vous-même, et la sécurité de votre vie entière est attachée peut-être à cet acte imposant! (*Il ouvre le secret de l'écrain, et en tire les lettres.*)

Mme. ALMAVIVA, *surprise.*

Monsieur Bégearss, vous l'ouvrez mieux que moi! Que je les lise encore!

BÉGEARSS, *sévèrement.*

Non, je ne le permettrai pas.

Mme. ALMAVIVA.

Seulement la dernière, où traçant ses tristes adieux du sang qu'il répandit pour moi, il m'a donné la leçon du courage dont j'ai tant besoin aujourd'hui.

BÉGEARSS, *s'y opposant.*

Si vous lisez un mot, nous ne brûlerons rien. Offrez au ciel un sacrifice entier, courageux, volontaire, exempt des faiblesses humaines; ou si vous n'osez l'accomplir, c'est à moi d'être fort pour vous. Les voilà toutes dans le feu. (*Il y jette le paquet.*

Mme. ALMAVIVA, *vivement.*

Monsieur Bégearss! cruel ami! c'est ma vie que vous consumez! qu'il m'en reste au moins un lambeau! (*Elle veut se précipiter sur les lettres enflammées; Bégearss la retient à brasse-corps.*)

BÉGEARSS.

J'en jetterai la cendre au vent.

SCENE VII.

SUZANNE, ALMAVIVA, FIGARO, Mme. ALMAVIVA, BÉGEARSS.

SUZANNE *accourt.*

C'est Monsieur: il me suit; mais amené par Figaro.

ALMAVIVA, *les surprenant.*

Qu'est-ce donc que je vois, Madame? d'où vient tout ce désordre? quel est ce feu, ce coffre, ces papiers, pourquoi ce debat et ces pleurs?

Bégearss et madame Almaviva restent confondus.

ALMAVIVA.

Vous ne répondez point.

BÉGEARSS *se remet, et dit d'un ton pénible.*

J'espère, Monsieur, que vous n'exigez pas qu'on s'explique devant vos gens. J'ignore quel dessein vous fait surprendre ainsi Madame! quant à moi, je suis résolu de soutenir mon caractère, en rendant un hommage pur à la vérité, quelle qu'elle soit.

ALMAVIVA, *à Figaro et Suzanne.*

Sortez tous deux.

FIGARO.

Mais, Monsieur, rendez-moi du moins la justice de déclarer que je vous ai remis le récépissé du notaire, sur le grand objet de tantôt!

ALMAVIVA.

Je le fais volontiers, puisque c'est réparer un tort. (*A Bégearss.*) Soyez certain, Monsieur, que voilà le récépissé. (*Il le met dans sa poche. Figaro et Suzanne sortent chacun de leur côté.*)

FIGARO *bas à Suzanne, en s'en allant.*

S'il échappe à l'explication!

SUZANNE, *bas.*

Il est bien subtil!

FIGARO, *bas.*

Je l'ai tué.

SCENE VIII.

Mme. ALMAVIVA, ALMAVIVA, BEGEARSS.

ALMAVIVA, *d'un ton ferme.*

Madame, nous sommes seuls.

BÉGEARS *encore ému.*

C'est moi qui parlerai; je subirai cet interrogatoire. M'avez-vous vu, Monsieur, trahir la vérité dans quelque occasion que ce fût?

ALMAVIVA, *sèchement.*

Monsieur... je ne dis pas cela.

DRAME.

BÉGEARSS, *tout-à-fait remis.*

Quoique je sois loin d'approuver cette inquisition peu décente, l'honneur m'oblige à répéter ce que je disais à Madame, en répondant à sa consultation. Tout dépositaire de secrets ne doit jamais conserver de papiers, s'ils peuvent compromettre un ami qui n'est plus, et qui les mit sous notre garde. Quelque chagrin qu'on ait à s'en défaire, et quelqu'intérêt même qu'on eût à les garder, le saint respect des morts doit avoir le pas devant tout. (*Il montre Almaviva.*). Un accident inopiné ne peut-il pas en rendre un adversaire possesseur ?

ALMAVIVA *le tire par la manche pour qu'il ne pousse pas l'explication plus loin.*

BÉGEARSS *fièrement.*

Auriez-vous dit, Monsieur, autre chose en ma position ? Qui cherche des conseils timides, ou le soutien d'une faiblesse honteuse, ne doit point s'adresser à moi ! vous en avez des preuves l'un et l'autre, et vous sur-tout, Monsieur. (*Almaviva lui fait un signe.*) Voilà, sur la demande que m'a faite Madame, et sans chercher à pénétrer à ce que contenaient ces papiers, ce qui m'a fait lui donner un conseil, pour la sévère exécution duquel je l'ai vue manquer de courage. Je n'ai pas hésité d'y substituer le mien, en combattant ses délais imprudens. Voilà quels étaient nos débats. Mais quelque chose qu'on en pense, je ne regretterai point ce que j'ai dit, ce que j'ai fait. (*Il lève les bras.*) Sainte amitié, tu n'es rien qu'un vain titre, si l'on ne remplit pas tes austères devoirs ! — Permettez que je me retire.

ALMAVIVA *exalté.*

O le meilleur des hommes ! Non, vous ne nous quitterez pas. Madame, il va nous appartenir de plus près ; je lui donne ma Florestine.

Mme. ALMAVIVA, *avec vivacité.*

Monsieur, vous ne pouvez pas faire un plus digne emploi du pouvoir que la loi vous donne sur elle. Ce choix a mon assentiment, si vous le jugez nécessaire, et le plutôt vaudra le mieux.

ALMAVIVA, *hésitant.*

Eh bien !.... ce soir... sans bruit....

Mme. ALMAVIVA, *avec ardeur.*

Moi qui lui sers de mère, je vais la préparer à l'auguste cérémonie. Mais laisserez-vous votre ami, seul généreux envers ce digne enfant ? J'ai du plaisir à penser le contraire.

ALMAVIVA, *embarrassé.*

Ah ! Madame.... croyez....

Mme. ALMAVIVA, *avec joie.*

Oui, Monsieur, je le crois. C'est aujourd'hui la fête de mon fils. Ces deux événemens réunis, me rendent cette journée bien chère !

SCENE IX.
ALMAVIVA, BÉGEARSS.

ALMAVIVA.

Je ne reviens point de mon étonnement ! Je m'attendais à des débats, à des objections sans nombre; et je la trouve juste, bonne, généreuse envers mon enfant. Moi qui lui sers de mère, dit-elle.... Non, ce n'est point une méchante femme ! Elle a dans ses actions une dignité qui m'impose, un ton qui brise les reproches, quand on voudrait l'en accabler. Mais, mon ami, je m'en dois à moi-même pour la surprise que j'ai montrée en voyant brûler ces papiers.

BEGEARSS.

Quant à moi, je n'en ai point eu, voyant avec qui vous veniez. Ce reptile vous a sifflé que j'étais là pour trahir vos secrets ; de si basses imputations n'atteignent point un homme de ma hauteur, je les vois ramper loin de moi. Mais après tout, Monsieur, que vous importaient ces papiers ? n'aviez-vous pas pris malgré moi tous ceux que vous vouliez garder ? Ah ! plût au ciel qu'elle m'eût consulté plutôt, vous n'auriez pas contre elle des preuves sans réplique !

ALMAVIVA, *avec douleur.*

Oui, sans réplique. (*Avec ardeur.*) Otons-les de mon sein, elles me brûlent la poitrine. *(Il tire la lettre de son sein et la met dans sa poche.)*

BEGEARSS, *continue avec douceur.*

Je combattrais avec plus d'avantage en faveur du fils de la loi ; car enfin il n'est pas comptable du triste sort qui l'a mis dans vos bras.

ALMAVIVA, *reprend sa fureur.*

Lui, dans mes bras ? Jamais.

BEGEARSS.

Il n'est point coupable non plus dans son amour pour Florestine ; et cependant, tant qu'il reste près d'elle puis-je m'unir à cette enfant, qui peut-être éprise elle-même, ne cédera qu'à son respect pour vous ? La délicatesse blessée...

ALMAVINA.

Mon ami, je t'entends ! et ta réflexion me décide à le faire partir sur-le-champ. Oui, je serai moins malheureux quand ce fatal objet ne blessera plus mes regards. Mais comment entamer ce sujet avec elle ? voudra-t-elle s'en séparer ? Il faudra donc faire un éclat.

BEGEARSS.

Un éclat !... non.... bientôt le divorce accrédité.

ALMAVIVA.

Moi, publier ma honte ! Quelques lâches l'ont fait; c'est le dernier degré de l'avilissement du siècle. Que l'opprobre soit le partage de qui donne un pareil scandale, et des fripons qui le provoquent !

BEGEARSS.

J'ai fait envers elle, envers vous, ce que l'honneur me prescrivait. Je ne suis point pour les moyens violens, sur-tout quand il s'agit d'un fils...

ALMAVIVA.

Dites, d'un étranger dont je vais hâter le départ.

BEGEARSS.

N'oubliez pas cet insolent valet.

ALMAVIVA.

J'en suis trop las pour le garder. Toi, cours, ami, chez mon notaire ; retire avec mon reçu que voici, mes trois millions d'or déposés; alors tu peux à juste titre être généreux au contrat qu'il nous faut brusquer aujourd'hui.... car te voilà bien possesseur.... (*Il lui remet le reçu, le prend sous le bras, et ils sortent.*) et ce soir, à minuit, sans bruit, dans la chapelle de Madame... (*On n'entend pas le reste.*)

Fin du troisième acte.

ACTE QUATRIÈME

Le Théâtre représente le même cabinet de Madame Almaviva.

SCÈNE PREMIÈRE.

FIGARO, *seul, agité, regardant de côté et d'autre.*

Elle me dit : Viens à six heures au cabinet ; c'est le plus sûr pour nous parler... Je brusque tout dehors, et je rentre en sueur : où est-elle ? *(Il se promène en s'essuyant.)* Ah ! parbleu je ne suis point fou. Je les ai vus sortir d'ici ; Monsieur le tenait sous le bras... Eh bien ! pour un échec, abandonnerons-nous la partie ? *(D'un ton sévère.)* Mais quel détestable endormeur ! *(Vivement.)* Parvenir à brûler les lettres de Madame, pour qu'elle ne voie pas qu'il en manque ! et se tirer d'un éclaircissement !... C'est l'enfer concentré, tel que Milton nous l'a dépeint ! *(D'un ton badin.)* J'avais raison tantôt dans ma colère. Honoré Bégearss est le diable que les Hébreux nommaient *Légion* ; et si l'on y regardait bien, on verrait le lutin avoir le pied fourchu, seule partie, disait ma mère, que les démons ne peuvent déguiser. *(Il rit.)* Ah ! ah ! ah ! ma gaieté me revient ; d'abord, parce que j'ai mis l'or du Méxique en sûreté chez Fal, — ce qui nous donnera du tems *(Il frappe un billet sur sa main.)* Et puis... *docteur en toute hypocrisie !* infernal tartuffe ! grâce au hasard qui régit tout, à ma tactique, à quelques louis semés, voici qui me promet une lettre de ta main, où, dit-on, tu poses le masque à ne rien laisser désirer. *(Il ouvre le billet, et dit :)* Le coquin qui l'a lue, en veut cinquante louis.... Eh bien ! il les aura si la lettre les vaut ; une année de mes gages sera bien employée si je parviens à détromper un maître à qui nous devons tant. Mais où es-tu, Suzanne, pour en rire... *O che piacere !* (Prononcez qué piatchère.) A demain donc ; car je ne vois pas que rien périclite ce soir... Eh ! pourquoi perdre un tems ? je m'en suis toujours repenti... *(Très-vivement.)* Point de délais : courons attacher le pétard ; dormons dessus. La nuit porte conseil ; et demain matin nous verrons qui des deux fera sauter l'autre.

SCENE II.
BÉGEARSS, FIGARO.

BÉGEARSS, *raillant.*

Eech ! c'est mons Figaro ! la place est agréable, puisqu'on y retrouve Monsieur.

FIGARO, *du même ton.*

Ne fût-ce pour avoir la joie de l'en chasser une autre fois.

BEGEARSS.

De la rancune pour si peu! vous êtes bien bon d'y songer: chacun n'a-t-il pas sa manie?

FIGARO.

Et celle de Monsieur est de ne plaider qu'à huit clos?

BEGEARSS *lui frappant sur l'épaule.*

Il n'est pas essentiel qu'un sage entende tout quand il sait si bien deviner.

FIGARO.

Chacun se sert des petits talens que le ciel lui a départis.

BEGEARSS.

Et l'intrigant compte-t-il gagner beaucoup avec ceux qu'il nous montre ici?

FIGARO.

Ne mettant rien à la partie, j'ai tout gagné.... si je fais perdre l'autre.

BEGEARSS *fièrement.*

L'autre; quoi s'il vous plait?

FIGARO *riant.*

L'autre.... eh parbleu! Monsieur l'a dénommé lui-même.

BEGEARSS *piqué.*

On verra le jeu de Monsieur.

FIGARO.

Ce n'est pas de ces coups brillans qui éblouissent la galerie. *(Il prend un air niais.)* Mais *chacun pour soi, dieu pour tous,* comme a dit Salomon.

BEGEARSS *souriant.*

Belle sentence! n'a-t-il pas dit aussi: *Le soleil luit pour tout le monde?*

FIGARO *fièrement.*

Oui, en dardant sur le serpent, prêt à mordre la main de son imprudent bienfaiteur.

SCÈNE III.

BEGEARSS, *seul, le regardant aller.*

Il ne farde plus ses desseins. — Notre homme est fier; bon signe; il ne sait rien des miens. Il aurait la mine bien longue, s'il était instruit qu'à minuit... *(Il cherche dans ses poches vivement.)* Eh bien! qu'ai-je fait du papier? le voici. *(Il lit.)* *Reçu de M. Fal, notaire, les trois millions d'or spécifiés dans le bordereau ci-dessus. A Paris, le...* ALMAVIVA. C'est bon; je tiens la pupille et l'argent. Mais, ce n'est point assez; cet homme est faible, il ne finira rien pour le reste de sa fortune. Sa femme lui en impose; il la craint, l'aime encore.... Elle n'ira point au couvent si je ne les mets aux prises, et ne les force à s'expliquer brutalement. — Diable! ne risquons rien ce soir; un dénouement aussi scabreux! en précipitant trop les choses, on se précipite avec elles. Il sera tems demain, quand j'aurai bien serré le doux lien sacramental qui va les enchaîner à moi. *(Il appuie ses deux mains sur sa poitrine.)* Eh bien! maudite joie qui me gonfle le cœur, ne peux-tu donc te contenir?... Elle m'étouffera, la fougueuse, ou me livrera comme un sot, si je ne la laisse un peu s'évaporer pendant que je suis seul ici. Sainte et douce crédulité! l'époux te doit la magnifique dot. Pâle déesse de la nuit, il te devra bientôt sa froide épouse. Fortune! hymen! qui chantera l'épithalame? Qui? le seul poëte en état de le composer dignement?.... *(Il frotte ses mains)* Bégearss! heureux Bégearss! Pourquoi l'appelez-vous Bégearss? n'est-il donc pas plus d'à moitié le seigneur Almaviva? *(D'un ton terrible.)* Encore un pas, Bégearss, et tu l'es tout-à-fait. Oui, mais il faut auparavant... Ce Figaro pèse sur ma poitrine; — car c'est lui qui l'a fait venir... Le moindre trouble me perdrait... Ce valet-là me porterait malheur!... c'est le plus clairvoyant coquin! Allons, allons qu'il parte avec son pupille errant.

SCENE IV.
BÉGEARSS, SUZANNE.

SUZANNE *accourant, fait un cri d'étonnement.*

Ah! *(à part.)* ce n'est pas lui.

BÉGEARSS.

Quelle surprise! Eh! qu'attendais-tu donc?

SUZANNE *se remettant.*

Personne. On se croit seule ici....

BÉGEARSS.

Puisque je t'y rencontre, un mot avant le comité.

SUZANNE.

Que parlez-vous de comité? réellement depuis deux ans on n'entend plus du tout le langage de ce pays.

BÉGEARSS *riant sardoniquement.*

Hé! hé!... *(Il pétrit dans sa boîte une prise de tabac, d'un air content de lui.)* Ce comité, ma chère est une conférence

DRAME.

entre la maîtresse, son fils, notre jeune pupille et moi, sur le grand objet que tu sais.

SUZANNE.

Après la scène que j'ai vue, osez-vous encore l'espérer?

BÉGEARSS *bien fat.*

Oser l'espérer!... non; mais seulement je l'épouse ce soir.

SUZANNE *vivement.*

Malgré son amour pour Léon?

BÉGEARSS.

Bonne femme! qui me disait: *Si vous faites cela, Monsieur...*

SUZANNE.

Eh! qui eût pu l'imaginer?

BÉGEARSS *prenant son tabac en plusieurs fois.*

Enfin que dit-on? Parle-t-on? Toi qui vis dans l'intérieur, qui a l'honneur des confidences, y pense-t-on du bien de moi? car c'est-là le point important.

SUZANNE.

L'important serait de savoir quel talissement vous employez pour dominer tous les esprits? Monsieur ne parle de vous qu'avec enthousiasme. Ma maîtresse vous porte aux nues; son fils n'a d'espoir qu'en vous seul; notre pupille vous révère...

BÉGEARSS, *d'un ton bien fat, secouant le tabac de son jabot.*

Et toi, Suzanne, qu'en dis-tu?

SUZANNE.

Ma foi, Monsieur, je vous admire! Au milieu du désordre affreux que vous entretenez ici, vous seul êtes calme et tranquille. Il me semble entendre un génie qui fait tout mouvoir à son gré.

BÉGEARSS *bien fat.*

Mon enfant, rien n'est plus aisé. D'abord, il n'est que deux pivots sur qui roule tout dans le monde. La morale, tant soit peut mesquine, consiste à être juste et vrai: elle est, dit-on, la clef de quelques vertus routinières.

SUZANNE.

Quant à la politique?

BÉGEARSS, *avec chaleur, à lui-même.*

Ah! c'est l'art de créer des faits, de dominer, en se jouant, les événemens et les hommes. L'intérêt est son but; l'intrigue son moyen: toujours sobre de vérités, ses vastes et riches conceptions sont un prisme qui éblouit. Aussi profonde que l'Ethna, elle brûle et gronde long-tems avant d'éclater au dehors; mais

D

alors rien ne lui résiste : elle exige de hauts talens ; le scrupule seul peut lui nuire : c'est le secret des négociateurs.

SUZANNE.

Si la morale ne vous échauffe pas, l'autre, en revanche, excite en vous un assez vif enthousiasme.

BÉGEARSS, *averti, revient à lui.*

Eh !... ce n'est pas elle ; c'est toi ; ta comparaison d'un génie... Léon vient ; laisse-nous.

SCENE V.
LÉON, BÉGEARSS.

LÉON.

Monsieur Béjearss je suis au désespoir !

BÉGEARSS *d'un ton protecteur.*

Qu'est-il arrivé, jeune ami ?

LÉON.

Mon père vient de me signifier, avec une dureté !... que j'eusse à faire, sous deux jours, tous les apprêts de mon départ. Point d'autre train, dit-il, que Figaro qui m'accompagne, et un valet qui courra devant nous.

BÉGEARSS.

Cette conduite est tout-à-fait bizarre pour qui ne sait pas son secret ; mais nous qui l'avons pénétré, notre devoir est de le plaindre. Ce voyage est le fruit d'une frayeur bien excusable ! Malthe et vos vœux ne sont que le prétexte ; un amour qu'il redoute est son véritable motif.

LÉON, *avec douleur.*

Mais, mon ami, puisque vous l'épousez.

BÉGEARSS, *confidentiellement.*

Si son frère le croit utile à suspendre un fâcheux départ. Je ne verrais qu'un seul moyen...

LÉON.

O mon ami ! dites-le moi ?

BÉGEARSS.

Ce serait que madame votre mère vainquît cette timidité qui l'empêche, avec lui, d'avoir une opinion à elle ; car sa douceur vous nuit bien plus que ne ferait un caractère trop ferme. Supposons qu'on lui ait donné quelque prévention injuste, qui a le droit, comme une mère, de rappeler un père à la raison ? Engagez-la de le tenter... non pas aujourd'hui, mais... demain, sans y mettre de faiblesse.

LÉON.

Mon ami, vous avez raison! cette crainte est son vrai motif. Sans doute il n'y a que ma mère qui puisse le faire changer. La voci qui vient avec celle... que je n'ose plus adorer. (*Avec douleur.*) O mon ami! rendez-la bienheureuse.

BÉGEARSS *caressant*

En lui parlant tous les jours de son frère.

SCENE VI.

Mme. ALMAVIVA, FLORESTINE, BÉGEARSS, SUZANNE, LÉON.

Mme. ALMAVIVA, *coëffée, parée, portant une robe rouge et noire, et son bouquet de même couleur.*

Suzanne, donne mes diamans. (*Suzanne va les chercher.*)

BÉGEARSS, *affectant de la dignité.*

Madame, et vous Mademoiselle, je vous laisse avec cet ami; je confirme d'avance tout ce qu'il va vous dire. Hélas! ne pensez point au bonheur que j'aurai de vous appartenir à tous: votre repos doit seul vous occuper. Je n'y veux concourir que sous la forme que vous adopterez. Mais, soit que Mademoiselle accepte ou non mes offres, recevez ma déclaration, que toute la fortune dont je viens d'hériter lui est destinée de ma part, dans un contrat, ou par un testament; je vais en faire dresser les actes: Mademoiselle choisira. Après ce que je viens de dire, il ne conviendrait pas que ma présence ici gênât un parti qu'elle doit prendre en toute liberté; mais, quel qu'il soit, ô mes amis! sachez qu'il est sacré pour moi. Je l'adopte sans restriction. (*Il sort.*)

SCENE VII.

Mme. ALMAVIVA, LÉON, FLORESTINE.

Mme. ALMAVIVA *le regarde aller.*

C'est un ange envoyé du ciel pour réparer tous nos malheurs.

LÉON *avec une douleur ardente.*

O Florestine! il faut céder; ne pouvant être l'un à l'autre, nos premiers élans de douleurs nous avaient fait jurer de n'être jamais à personne; j'accomplirai ce serment pour nous deux. Ce n'est pas vous perdre en entier, puisque je retrouve une sœur où j'espérais posséder une épouse. Nous pourrons encore nous aimer.

SCENE VIII.

Mme. ALMAVIVA, LÉON, FLORESTINE, SUZANNE.

SUZANNE *apporte l'ecrain.*

Mme. ALMAVIVA, *en parlant, met ses boucles d'oreilles, ses bagues, son bracelet, sans rien regarder.*

Florestine épouse Bégearss; ses procédés l'en rendent digne; et puisque cet hymen fait le bonheur de ton parrain, il faut l'achever aujourd'hui. (*Suzanne sort.*)

SCENE X.

Mme. ALMAVIVA, LÉON, FLORESTINE.

Mme. ALMAVIVA *à Léon.*

Nous, mon fils, ne sachons jamais ce que nous devons ignorer. Tu pleures, Florestine!

FLORESTINE *pleurant.*

Ayez pitié de moi, Madame! Eh! comment soutenir autant d'assauts dans un seul jour? A peine j'apprends qui je suis qu'il faut renoncer à moi-même, et me livrer... je meurs de douleur et d'effroi. Dénué d'objections contre monsieur Bégearss, je sens mon cœur à l'agonie, en pensant qu'il peut devenir... Cependant il le faut; il faut me sacrifier au bien de ce frère chéri, à son bonheur... que je ne puis plus faire. Vous dites que je pleure! ah! je fais plus pour lui que si je lui donnais ma vie. Maman, ayez pitié de nous: bénissez vos enfans! ils sont bien malheureux! (*Elle se jette à genoux, Léon en fait autant.*)

Mme. ALMAVIVA *leur imposant les mains*

Je vous bénis, mes chers enfans. Ma Florestine, je t'adopte. Si tu savais à quel point tu m'es chère! Tu seras heureuse, ma fille, et du bonheur de la vertu. Celui-là peut dédommager des autres.

FLORESTINE.

Mais croyez-vous, Madame, que mon dévouement le ramène à Léon, à son fils? car il ne faut pas se flatter; son injuste prévention va quelquefois jusqu'à la haine.

Mme. ALMAVIVA.

Chère fille, j'en ai l'espoir.

LÉON.

C'est l'avis de monsieur Bégearss: il me l'a dit. Mais il m'a dit aussi qu'il n'y a que maman qui puisse opérer ce miracle; aurez-vous donc la force de lui parler en ma faveur?

Mme. ALMAVIVA.

Je l'ai tenté souvent, mon fils, mais sans aucun fruit apparent.

LÉON.

O ma digne maman! c'est votre douceur qui m'a nui. La crainte de le contrarier, vous a trop empêchée d'user de la juste influence que vous donne votre vertu et le respect profond dont vous êtes entourée. Si vous lui parliez avec force, il ne vous résisterait pas.

Mme. ALMAVIVA.

Vous le croyez, mon fils? je vais l'essayer devant vous. Vos reproches m'affligent presque autant que son injustice. Mais, pour que vous ne gêniez pas le bien que je dirai de vous, mettez-vous dans mon cabinet; vous m'entendrez de-là plaider une cause si juste; vous n'accuserez plus une mère de manquer d'énergie, quand il faut défendre son fils! (*Elle sonne.*) Florestine, la décence ne te permet pas de rester. Va t'enfermer; demande au ciel qu'il m'accorde quelque succès, et rende enfin la paix à ma famille désolée. (*Florestine sort*)

SCENE X.
SUZANNE, Mme. ALMAVIVA, LÉON.

SUZANNE.

Que veut Madame? elle a sonné.

Mme. ALMAVIVA.

Prie Monsieur, de ma part, de passer un moment ici.

SUZANNE *effrayée.*

Madame, vous me faites trembler! ciel! que va-t-il donc se passer? Quoi? Monsieur, qui ne vient jamais... sans...

Mme. ALMAVIVA.

Fais ce que je te dis, Suzanne, et ne prends nul souci du reste. (*Suzanne sort, en levant les bras, de terreur.*

SCENE XI.
Mme. ALMAVIVA, LÉON.

Mme. ALMAVIVA.

Vous allez voir, mon fils, si votre mère est faible en défendant vos intérêts; mais laissez-moi me recueillir, me préparer par la prière à cet important plaidoyer.

SCENE XII.

Mme. ALMAVIVA *seule, un genoux sur son fauteuil.*

Ce moment me semble terrible comme le jugement dernier! mon sang est prêt à s'arrêter. O mon Dieu! donnez-moi la force de frapper au cœur d'un époux! (*Plus bas.*) Vous seul connaissez les motifs qui m'ont toujours fermé la bouche! ah! s'il ne s'agissait du bonheur de mon fils, vous savez, ô mon Dieu! si j'oserais dire un seul mot pour moi! Mais enfin, s'il est vrai qu'une faute pleurée vingt ans ait obtenu de vous un pardon généreux, comme un sage ami m'en assure; ô mon dieu! donnez-moi la force de frapper au cœur d'un époux!

SCENE XII.

Mme. ALMAVIVA, ALMAVIVA, LÉON *caché.*

ALMAVIVA, *sèchement.*

Madame, on dit que vous me demandez!

Mme. ALMAVIVA, *timidement.*

J'ai cru, Monsieur, que nous serions plus libre dans ce cabinet que chez vous.

ALMAVIVA.

M'y voilà, Madame, parlez.

Mme. ALMAVIVA, *tremblante.*

Asseyons-nous, Monsieur, je vous conjure, et prêtez-moi votre attention.

ALMAVIVA, *impatient.*

Non, j'entendrai debout. Vous savez qu'en parlant je ne saurais tenir en place.

Mme. ALMAVIVA *s'asseyant, avec un soupir, et parlant bas.*

Il s'agit de mon fils... Monsieur.

ALMAVIVA, *brusquement.*

De votre fils, Madame?

Mme. ALMAVIVA.

Eh! quel autre intérêt pourrait vaincre ma répugnance à engager un entretien que vous ne recherchez jamais? Mais je viens de le voir dans un état à faire compassion; l'esprit troublé, le cœur serré de l'ordre que vous lui donnez de partir sur-le-champ; sur-tout du ton de dureté qui accompagne cet exil. Eh! comment a-t-il encouru la disgrâce d'un p... d'un homme si juste? Depuis qu'un exécrable duel nous a ravi notre autre fils.....

DRAME.

ALMAVIVA, *les mains sur le visage, avec un air de douleur.*
Ah!....
Mme. ALMAVIVA.
Celui-ci qui jamais ne dût connaître le chagrin, a redoublé de soins et d'attentions pour adoucir l'amertume des nôtres.

ALMAVIVA *se promène doucement*
Ah!.....
Mme. ALMAVIVA.
Le caractère emporté de son frère, son désordre, ses goûts et sa conduite déréglée, nous en donnaient souvent de bien cruels. Le ciel sévère, mais sage en ses décrets, en nous privant d'un tel enfant, nous en a peut-être épargné de plus cuisans pour l'avenir.

ALMAVIVA *se promène plus vîte.*
Ah! ah!...
Mme. ALMAVIVA.
Mais enfin celui qui nous reste, a-t-il jamais manqué à ses devoirs? jamais le plus léger reproche fut-il mérité de sa part? Exemple des hommes de son âge, il a l'estime universelle, il est aimé, recherché, consulté. Son p..... protecteur naturel, mon époux seul, paraît avoir les yeux fermés sur un mérite transcendant, dont l'éclat frappe tout le monde.

ALMAVIVA *se promène plus vîte sans parler.*
Mme. ALMAVVA *prenant courage de son silence, continue d'un ton plus ferme, elle l'élève par degré.*
En tout autre sujet, Monsieur, je tiendrais à fort grand honneur de vous soumettre mon avis, de modeler ma faible opinion sur la vôtre: mais il s'agit..... d'un fils.....

ALMAVIVA *s'agite en marchant*
Mme. ALMAVIVA.
Quand il avait un frère aîné, l'orgueil d'un très-grand nom le condamnant au célibat, l'ordre de Malthe était son sort. Le préjugé semblait alors couvrir l'injustice de ce partage entre deux fils..... égaux en droits.....

ALMAVIVA *s'agite plus fort.* (*A part, d'un ton étouffé.*)
Égaux en droits!...
Mme. ALMAVIVA.
Mais depuis deux années qu'un accident affreux... les lui a tous transmis, n'est-il pas étonnant que vous n'ayez rien entrepris pour le relever de ses vœux? Il est de notoriété que vous n'avez quitté l'Espagne que pour dénaturer vos biens par la vente ou par des échanges. Si c'est pour l'en priver, Monsieur, la haine ne va pas plus loin? Puis, vous le chassez de che

vous, et semblez lui fermer la maison p... par vous habitée. Permettez-moi de vous le dire, un traitement aussi étrange est sans excuse aux yeux de la raison. Qu'a-t-il fait pour le mériter?

ALMAVIVA *s'arrête d'un ton terrible.*

Ce qu'il a fait?

Mme. ALMAVIVA *effrayée.*

Je voudrais bien, Monsieur, ne pas vous offenser.

ALMAVIVA, *plus fort.*

Ce qu'il a fait, Madame? et c'est vous qui le demandez!

Mme. ALMAVIVA *en désordre.*

Monsieur, Monsieur, vous m'effrayez beaucoup!

ALMAVIVA *avec fureur.*

Puisque vous avez provoqué l'explosion du ressentiment qu'un respect humain enchainait, vous entendrez son arrêt et le vôtre.

Mme. ALMAVIVA *plus troublée.*

Ah! Monsieur, ah! Monsieur!...

ALMAVIVA.

Vous demandez ce qu'il a fait?

Mme. ALMAVIVA *levant les bras.*

Non, Monsieur, ne me dites rien!

ALMAVIVA *hors de lui.*

Rappelez-vous, femme perfide, ce que vous avez fait vous-même; et comment, recevant un adultère dans vos bras, vous avez mis dans ma maison cet enfant étranger que vous osez nommer mon fils.

Mme. AMAVIVA *au désespoir.*

Laissez-moi m'enfuir, je vous prie.

ALMAVIVA, *la clouant sur son fauteuil.*

Non, vous ne fuirez pas; vous n'échapperez point à la conviction qui vous presse. Connaissez-vous cette écriture? elle est tracée de votre main coupable; et ces caractères sanglans qui lui servirent de réponse?...

Mme. ALMAVIVA *anéantie.*

Je vais mourir! je vais mourir!

ALMAVIVA, *avec force.*

Non, non, vous entendrez les traits que j'en ai soulignés! (*Il lit.*) « Malheureux insensé! notre sort est rempli. Votre » crime, le mien reçoit sa punition. Aujourd'hui, jour de *Saint-* » *Léon,* patron de ce lieu et le vôtre, je viens de mettre au » monde un fils, mon opprobre et mon désespoir. » (*Il parle.*) Et cet enfant est né le jour de Saint-Léon, plus de dix mois après mon départ pour la Vera-Crux. (*Pendant qu'il lit très-fort, on entend madame Almaviva égarée dire des mots coupés qui partent du délire.*)

Mme. ALMAVIVA *priant les mains jointes.*

Grand Dieu ! tu ne permets donc pas que le crime le plus caché demeure toujours impuni !

ALMAVIVA.

..... Et de la main du corrupteur (*Il lit*) « L'ami qui vous » rendra ceci, quand je ne serai plus, est sûr. »

Mme. ALMAVIVA *priant.*

Frappe, mon Dieu, car je l'ai mérité !

ALMAVIVA *lit.*

« ..... Si la mort d'un infortuné vous inspirait un reste de » pitié, parmi les noms qu'on va donner à ce fils héritier d'un » autre..... »

Mme. ALMAVIVA *priant.*

Accepte l'horreur que j'éprouve, en expiation de ma faute.

ALMAVIVA *lit.*

« Puis-je espérer que le nom de Léon..... » (*Il parle.*) Et ce fils s'appelle Léon !

Mme. ALMAVIVA *égarée, les yeux fermés.*

O Dieu ! mon crime fut bien grand, s'il égala ma punition ! Que ta volonté s'accomplisse !

ALMAVIVA, *plus fort.*

Et couverte de cet opprobre, vous osez me demander compte de mon éloignement pour lui ?

Mme. ALMAVIVA *priant toujours.*

Qui suis-je pour m'y opposer, lorsque ton bras s'appesantit ?

ALMAVIVA.

Et lorsque vous plaidez pour l'enfant de ce malheureux, vous avez au bras mon portrait.

Mme. ALMAVIVA, *en le détachant le regarde.*

Monsieur, Monsieur, je le rendrai ; je sais que je n'en suis pas digne. (*Dans le plus grand égarement.*) Ciel ! que m'arrive-t-il ? Ah ! je perds la raison ; ma conscience troublée fait naître des fantômes. Réprobation anticipée !..... je vois ce qui n'existe pas..... Ce n'est plus vous, c'est lui qui me signe de le suivre, d'aller le rejoindre au tombeau.

ALMAVIVA *effrayé.*

Comment ! Eh bien ! non, ce n'est pas.....

Mme. ALMAVIVA.

Ombre terrible, éloigne-toi !

ALMAVIVA *crie.*

Ce n'est pas ce que vous croyez.

Mme. ALMAVIVA *jette le bracelet par terre.*

Attends..... Oui, je t'obéirai.....

ALMAVIVA *plus troublé.*

Madame, écoutez-moi.....

Mme. ALMAVIVA.

J'irai... je t'obéis... Je meurs... (*Elle reste évanouie.*)

ALMAVIVA *effrayé ramasse le bracelet.*

J'ai passé la mesure... elle se trouve mal... Ah dieux! courons lui chercher du secours. *(Il s'enfuit.) (Les convulsions de la douleur font glisser madame Almaviva à terre.)*

SCENE XIV.

LÉON *accourant,* Mme. ALMAVIVA *évanouie.*

LÉON.

O ma mère !.... ma mère, c'est moi qui te donne la mort! *(Il l'enlève, et la remet sur son fauteuil évanouie.)* Que ne suis-je parti sans rien exiger de sa personne ! j'aurais prévenu ces horreurs !

SCENE XV.

ALMAVIVA, SUZANNE, LÉON, Mme. ALMAVIVA *évanouie.*

ALMAVIVA, *rentrant, s'écrie :*

Et son fils !...

LÉON *égaré.*

Elle est morte. Ah ! je ne lui survivrai pas. *(Il l'embrasse en criant.)*

ALMAVIVA *effrayé.*

Des sels ! des sels ! Suzanne, un million si vous la sauvez.

LÉON.

O malheureuse mère !

SUZANNE.

Madame, aspirez ce flacon. Soutenez-là, Monsieur; je vais tâcher de la desserrer.

ALMAVIVA *égaré.*

Romps tout, arrache tout. Ah ! j'aurais dû la ménager.

LÉON *criant.*

Elle est morte ! elle est morte !

SCÈNE XV.

ALMAVIVA, SUZANNE, LÉON, Mme. ALMAVIVA, FIGARO *accourant*.

FIGARO.

Eh qui, morte ! Madame ! Appaisez donc ces cris ! c'est vous qui la ferez mourir. *(Il lui prend le bras)* Non, elle ne l'est pas ; ce n'est qu'une suffocation ; le sang ai monté avec violence. Sans perdre de tems il faut la soulger. Je vais chercher ce qu'il me faut.

ALMAVIVA *hors de lui*.

Des ailes, Figaro, ma fortune est à to.

FIGARO *viventnt*.

J'ai bien besoin de vos promesses, lorsque Madame est en péril. *(Il sort.)*

SCÈNE XVII.

ALMAVIVA, LÉON, Mme. ALMAVIVA *évanouie*, SUZANNE.

LÉON *lui tenant le flacon sous le nez*.

Si l'on pouvait la faire respirer... O dieu ! rends-moi ma malheure mère !... La voici qui revient....

SUZANNE *pleurant*.

Madame, allons, Madame...

Mme. ALMAVIVA, *revenant à elle*.

Ah ! qu'on a de peine à mourir !

LÉON *sanglottant*.

Non, maman, vous ne mourrez pas.

Mme. ALMAVIVA *égarée*.

O ciel ! entre mes juges ; entre mon époux et mon fils ! Tout est connu... et criminelle envers tous deux... (*Elle se jette à terre, et se prosterne.*) Vengez-vous l'un et l'autre ; il n'est plus de pardon pour moi. Mère coupable ! épouse indigne ! un instant nous a tous perdus. J'ai mis l'horreur dans ma famille, j'allumai la guerre intestine entre le père et les enfans. Ciel juste ! il fallait bien que ce crime fut découvert : puisse ma mort expier mon forfait !

ALMAVIVA *au désespoir*.

Non, revenez à vous ; votre douleur a déchiré mon âme. Asseyons-la, Léon, mon fils ! (*Léon fait un grand mouve-*

ment.) Suzanne, asseyons-la. (*Ils la remettent sur son fauteuil.*)

SCENE XVIII.
ALMAVIVA, LÉON, Mme. ALMAVIVA, FIGARO, SUZANNE.

FIGARO *accourant.*

Elle a repris sa connaissance?

SUZANNE.

Ah Dieu! j'étouffe aussi. (*Elle se desserre.*)

ALMAVIVA *crie.*

Figaro, vos secours?

FIGARO *étouffé.*

Un moment; calmez-vous. Son état n'est plus si pressant. Moi, qui étais dehors grand Dieu! je suis rentré bien à propos.... Elle m'avait fort effrayé. Allons, Madame, du courage.

Mme. ALMAVIVA *priant renversée.*

Dieu de bonté, fais que je meure!

LÉON *en l'asseyant.*

Non, maman, vous ne mourrez pas, et nous réparerons nos torts. Monsieur, vous que je n'outragerai plus en vous donnant un autre nom, reprenez vos titres, vos biens; je n'y avais nul droit: hélas! je l'ignorais. Mais, par pitié, n'écrasez point, d'un déshonneur public, cette infortunée qui fut votre.... Une erreur expiée par vingt années de larmes, est-elle encore un crime alors qu'on fait justice? Ma mère et moi, nous nous bannissons de chez vous.

ALMAVIVA *exalté.*

Jamais! vous n'en sortirez point.

LÉON.

Un couvent sera sa retraite; et moi, sous mon nom de Léon, sous le simple habit d'un soldat, je défendrai la liberté de notre nouvelle patrie: inconnu, je mourrai pour elle, ou je la servirai en zélé citoyen. (*Suzanne pleure dans un coin; Figaro absorbé dans l'autre.*)

Mme. ALMAVIVA *péniblement.*

Léon, mon cher enfant, ton courage me rend la vie. Je puis encore la supporter, puisque mon fils a la vertu de ne pas détester sa mère. Cette fierté dans le malheur sera ton noble patrimoine. Il m'épousa sans biens; n'exigeons rien de lui : le travail de mes mains soutiendra ma faible existence ; et toi, tu serviras l'état.

ALMAVIVA *avec désespoir.*

Non, Rosine, jamais. C'est moi qui suis le vrai coupable ! De combien de vertus je privais ma triste vieillesse !....

Mme. ALMAVIVA.

Vous en serez enveloppé. Florestine et Bégearss vous restent ; Florestine, votre fille, l'enfant chéri de votre cœur....

ALMAVIVA.

Comment? d'où savez-vous?... qui vous l'a dit?

Mme. ALMAVIVA.

Monsieur, donnez-lui tous vos biens : mon fils et moi n'y mettrons point d'obstacle : son bonheur nous consolera. Mais, avant de nous séparer, que j'obtienne au moins une grace ! Apprenez-moi comment vous êtes possesseur d'une terrible lettre que je croyais brûlée avec les autres. Quelqu'un m'a-t-il trahie ?

FIGARO *s'écriant.*

Oui, l'infâme Bégearss : je l'ai surpris tantôt qui la remettait à Monsieur.

ALMAVIVA *parlant vite.*

Non, je la dois au seul hasard. Ce matin, lui et moi, pour un tout autre objet, nous examinions votre écrain, sans nous douter qu'il y eût un double fond. Dans le débat, et sous ses doigts, le secret s'est ouvert soudain, à son très-grand étonnement ; il a cru le coffret brisé.

FIGARO *criant plus fort.*

Son étonnement d'un secret ? Monstre ! c'est lui qui l'a fait faire !

ALMAVIVA.

Est-il possible ?

Mme. ALMAVIVA.

Il est trop vrai ?

ALMAVIVA.

Des papiers frappent nos regards : il en ignorait l'existence ; et quand j'ai voulu les lui lire, il a refusé de les voir.

SUZANNE *s'écriant.*

Il les a lus cent fois avec Madame !

ALMAVIVA.

Est-il vrai ? les connaissait-il ?

Mme. ALMAVIVA.

Ce fut lui qui me les remit, qui les apporta de l'armée, lorsqu'un infortuné mourut.

ALMAVIVA.

Cet ami sûr, instruit de tout?

FIGARO, Mme ALMAVIVA, SUZANNE, *emsenble criant.*

C'est lui!

ALMAVIVA.

O! scélératesse infernale! avec quel art il m'avait engagé! A présent je sais tout.

FIGARO.

Vous le croyez!

ALMAVIVA.

Je connais son affreux projet. Mais pour en être plus certain, déchirons le voile en entier. Par qui savez-vous donc ce qui touche ma Florestine?

Mme ALMAVIVA, *vite.*

Lui seul m'en a fait confidence.

LÉON, *vite.*

Il me l'a dit sous le secret.

SUZANNE, *vite.*

Il me l'a dit aussi.

ALMAVIVA.

O monstre! et moi, j'allais la lui donner! mettre ma fortune en ses mains!

FIGARO, *vivement.*

Plus d'un tiers y serait déjà, si je n'avais porté, sans vous le dire, vos trois millions d'or en dépôt chez M. Fal. Vous alliez l'en rendre maître; heureusement que je m'en suis douté. Je vous ai donné son reçu.....

ALMAVIVA, *vivement.*

Qu'un scélérat vient de m'enlever, pour en aller toucher la somme.

FIGARO, *désolé.*

O proscription sur moi! si l'argent est remis, tout ce que j'ai fait est perdu. Je cours chez M. Fal. Dieu veuille qu'il ne soit pas trop tard!

ALMAVIVA, *à Figaro.*

Le traître n'y peut être encore.

FIGARO.

S'il a perdu un tems, nous le tenons: J'y cours. (*Il veut sortir.*)

ALMAVIVA, *vivement l'arrête.*

Mais, Figaro? que le fatal secret dont ce moment vient de t'instruire, reste enseveli dans ton sein.

DRAME. 63

FIGARO, *avec une grande sensibilité.*

Mon bienfaiteur ! il y a vingt ans qu'il est dans ce sein-là, et dix que je travaille à empêcher qu'un monstre n'en abuse : attendez sur-tout mon retour, avant de prendre aucun parti.

ALMAVIVA, *vivement.*

Penserait-il se disculper ?

FIGARO.

Il fera tout pour le tenter ; *(Il tire une lettre de sa poche.)* mais voici le préservatif. Lisez le contenu de cette épouvantable lettre : le secret de l'enfer est là. Vous me saurez bon gré d'avoir tout fait pour me la procurer. *(Il lui remet la lettre de Bégearss.)* Suzanne ? des gouttes à ta maîtresse ; tu sais comment je les prépare ? *(Il lui donne un flacon.)* Passsez-la sur sa chaise longue ; et le plus grand calme autour d'elle. Monsieur, au moins ne recommencez pas : elle s'éteindrait dans nos mains ?

ALMAVIVA, *exalté.*

Recommencer ? je me ferais horreur !

FIGARO, *à madame Almaviva.*

Vous l'entendez, Madame ? le voilà dans son caractère ? et c'est votre époux que j'entends. Ah ! je l'ai toujours dit de lui : La colère chez les bons cœurs, n'est qu'un besoin pressant de pardonner ! *(Il s'enfuit.)*

Almaviva et Léon la prennent sous les bras ; ils sortent tous.

Fin du quatrième Acte.

ACTE CINQUIÈME.

Le théâtre représente un salon fort orné.

SCÈNE PREMIÈRE.
ALMAVIVA, Mme ALMAVIVA, LÉON, SUZANNE.

LÉON, *soutenant sa mère.*

Il fait trop chaud, Maman, dans l'appartement intérieur. *(Suzane, avance une bergère; on l'assied.)*

ALMAVIVA, *attendri, arrangeant les coussins.*

Etes-vous bien assise ? Eh quoi ! pleurer encore ?

Mme ALMAVIVA, *accablée.*

Ah ! laissez-moi verser des larmes de soulagement ! ces récits affreux m'ont brisée ! cette infâme lettre sur-tout....

ALMAVIVA, *délirant.*

Marié en Irlande, il épousait ma fille ! et tout mon bien placé sur la banque de Londres eût fait vivre un repaire affreux, jusqu'à la mort du dernier de nous !... Eh ! qui sait, grand Dieu ! quels moyens....

Mme ALMAVIVA.

Homme infortuné ! calmez-vous. Mais il est tems de faire descendre Florestine. Elle avait le cœur si serré de ce qui devait lui arriver ! Va la chercher, Suzanne, et ne l'instruit de rien.

ALMAVIVA, *avec dignité.*

Ce que j'ai dit à Figaro, Suzanne, était pour vous comme pour lui.

SUZANNE.

Monsieur, celle qui vit Madame pleurer, prier pendant vingt ans; a trop gémi de ses douleurs pour rien faire qui les accroisse ! *(Elle sort.)*

SCÈNE II.
ALMAVIVA, Mme ALMAVIVA, LÉON.

ALMAVIVA, *avec un vif sentiment.*

Ah, Rosine ! séchez vos pleurs; et maudit soit qui vous affligera !

DRAME.

Mme ALMAVIVA.

Mon fils, embrasse les genoux de ton généreux protecteur ; rends-lui grâce pour ta mère.

ALMAVIVA, *le relève.*

Oublions le passé, Léon. Gardons en le silence, et n'émouvons plus votre mère. Figaro demande du calme. Ah ! respectons surtout la jeunesse de Florestine, en lui cachant soigneusement les causes de cet accident !

SCÈNE III.
FLORESTINE, SUZANNE, ALMAVIVA, Mme ALMAVIVA, LÉON.

FLORESTINE.

Mon Dieu ! Maman, qu'avez-vous donc ?

Mme ALMAVIVA.

Rien que d'agréable à t'apprendre ; et ton parain va t'en instruire.

ALMAVIVA.

Hélas ! ma Florestine, je frémis du péril où j'allais plonger ta jeunesse. Grâce au ciel qui dévoile tout, tu n'épouseras point Bégearss : non tu ne seras point la femme du plus épouvantable ingrat !...

FLORESTINE.

Ah ! ciel ! Léon !...

LÉON.

Ma sœur, il nous a tous joués !

FLORESTINE, *à Almaviva.*

Sa sœur !

ALMAVIVA.

Il nous trompait ; il trompait les uns par les autres, et tu étais le prix de ses horribles perfidies : je vais le chasser de chez moi.

Mme ALMAVIVA.

L'instinct de ta frayeur te servait mieux que nos lumières. Aimable enfant ! rends grâce au ciel qui te sauve d'un tel danger.

LÉON.

Ma sœur, il nous à tous joués !

FLORESTINE

Monsieur, il m'appelle sa sœur !

Mme ALMAVIVA,

Oui, Florestine, tu es à nous. C'est là notre secret chéri. Voilà ton père ; voilà ton frère, et moi, je suis ta mère,

E

pour la vie. Ah ! garde-toi de l'oublier jamais ! *(Elle tend la main à son époux.)* Almaviva, n'est-ce pas qu'elle est ma fille ?

ALMAVIVA.

Et lui, mon fils : voilà nos deux enfans ! *(Tous se serrent dans les bras l'un de l'autre.)*

SCENE IV.

ALMAMAVIVA, Mme. ALMAVIVA, LEON, SUZANNE, FLORESNTINE, FIGARO, M. FAL.

FIGARO, *accourant, et jetant son manteau.*

Malédiction ! il a le porte-feuille. J'ai vu le traître l'emporter, quand je suis entré chez Monsieur.

ALMAVIVA.

Monsieur Fal, vous vous êtes pressé !

M. FAL.

Non, Monsieur, au contraire : il est resté plus d'une heure avec moi, m'a fait achever le contract, y insérer la donation qu'il fait ; puis il m'a remis mon reçu au bas duquel était le vôtre, en me disant que la somme est à lui, qu'elle est un fruit d'hérédité qu'il vous a remise en confiance.

ALMAVIVA.

O scélérat ! il n'oublie rien.

FIGARO.

Que de trembler sur l'avenir.

M. FAL.

Avec ces éclaircissemens, ai-je pu refuser le porte-feuille qu'il exigeait ? Ce sont trois millions au porteur. Si vous rompez ce mariage, et qu'il veuille garder l'argent, c'est un mal presque sans remède.

ALMAVIVA, *avec véhémence.*

Que tout l'or du monde périsse, et que je sois débarrassé de lui.

FIGARO, *mettant son chapeau sur un fauteuil.*

Dussai-je être pendu, il n'en gardera pas une obole. *(A Suzanne.).* Veille au dehors, Suzanne. *(Elle sort).*

M. FAL.

Avez-vous un moyen de lui faire avouer devant de bons témoins, qu'il tient ce trésor de Monsieur ? sans cela, je défie qu'on puisse le lui arracher !

DRAME. 67

FIGARO.

S'il apprend par son Allemand ce qui se passe dans l'hôtel, il n'y rentrera plus.

ALMAVIVA, *vivement.*

Tant mieux! c'est tout ce que je veux! Ah! qu'il garde le reste!

FIGARO, *vivement.*

Lui laisser par dépit l'héritage de vos enfans! ce n'est point vertu, c'est faiblesse.

LÉON, *fâché.*

Figaro!

FIGARO, *plus fort.*

Je ne m'en dédis point. (*A Almaviva.*) Qu'obtiendra donc de vous l'attachement, si vous payez ainsi la perfidie?

ALMAVIVA *se fâchant.*

Mais, l'entreprendre sans succès; c'est lui ménager un triomphe.....

SCÈNE V.

FIGARO, M. FAL, *notaire;* FLORESTINE, ALMAVIVA, Mme. ALMAVIVA, LÉON, SUZANNE.

SUZANNE, *à la porte, criant.*

Monsieur Bégearss qui rentre! (*Elle sort.*)

SCÈNE VI.

FIGARO, M. FAL, *notaire;* FLORESTINE ALMAVIVA, Mme. ALMAVIVA, LÉON.

(*Ils font tous un grand mouvement.*)

ALMAVIVA *hors de lui.*

Oh! traître!

FIGARO *très-vîte.*

On ne peut plus se concerter; mais si vous m'écoutez et me secondez tous pour lui donner une sécurité profonde, j'engage ma tête au succès.

M. FAL.

Vous allez lui parler du porte-feuille et du contrat?

FIGARO *très-vîte.*

Non pas; il en sait trop pour l'entamer si brusquement. Il faut l'amener de plus loin à faire un aveu volontaire. (*A Almaviva.*) Feignez de vouloir me chasser.

ALMAVIVA *troublé.*

Mais, mais. sur quoi?

SCENE VII.

FIGARO, M. FAL, *notaire;* FLORESTINE, ALMAVIVA, Mme ALMAVIVA, LÉON, SUZANNE, BÉGEARSS,

SUZANNE *accourant*

Monsieur Béga aa aa aaaaaaaaiss! (*Elle se range près de madame Almaviva.*)

BÉGEARSS *montre une grande surprise.*

FIGARO *s'écrie en le voyant.*

Monsieur Bégearss! (*Humblement.*) Eh bien! ce n'est qu'une humiliation de plus. Puisque vous attachez à l'aveu de mes torts, le pardon que je sollicite, j'espère que Monsieur ne sera pas moins généreux.

BÉGEARSS *étonné.*

Qu'y a-t-il donc? je vous trouve assemblés!

ALMAVIVA *brusquement.*

Pour chasser un sujet indigne.

BÉGEARSS *plus surpris en voyant le notaire.*

Et M. Fal?

M. FAL *lui montrant le contrat.*

Voyez qu'on ne perds point de tems. Tout ici concourt avec vous.

BÉGEARSS *à part.*

Ha, ha!...

ALMAVIVA *impatient à Figaro.*

Pressez-vous; ceci me fatigue.

(*Pendant cette scène, Bégearss les examine l'un après l'autre avec la plus grande attention.*)

FIGARO, *l'air suppliant, adressant la parole à Almaviva.*

Puisque la feinte est inutile, achevons mes tristes aveux. Oui, pour nuire à Monsieur Bégearss, je répète, avec confusion, que je me suis mis à l'épier, le suivre et le troubler partout: (*A Almaviva.*) car Monsieur n'avait pas sonné lorsque je suis entré chez lui, pour savoir ce qu'on y faisait du coffre aux brillans de Madame, que j'ai trouvé là tout ouvert.

BÉGEARSS.

Certes, ouvert à mon grand regret!

ALMAVIVA *fait un mouvement inquiétant.*

(*A part.*) Quelle audace!

FIGARO, *ce courbant, le tire par l'habit.*

Ah! Monsieur!

M. FAL.

Monsieur!...

BÉGEARSS, *à Almaviva, à part.*

Modérez-vous, ou nous ne saurons rien.

ALMAVIVA *frappe du pied.*

BÉGEARS, *l'examine.*

FIGARO *soupirant, à Almaviva.*

C'est ainsi que sachant Madame enfermée avec lui, pour brûler de certains papiers dont je connais l'importance, je vous ai fait venir subitement.

BÉGEARSS *à Almaviva.*

Vous l'ai-je dit?

ALMAVIVA, *mord son mouchoir de fureur.*

SUZANNE *bas à Figaro.*

Achève, achève!

FIGARO *soupirant.*

Enfin, vous voyant tous d'accord, j'avoue que j'ai fait l'impossible pour provoquer entre Madame et vous la vive explication, qui n'a pas eu la fin que j'espérais....

ALMAVIVA, *à Figaro, avec colère.*

Finissez-vous ce plaidoyer?

FIGARO *bien humble.*

Hélas! je n'ai plus rien à dire, puisque c'est cette explication qui a fait chercher M. Fal pour finir ici le contrat. L'heureuse étoile de Monsieur a triomphé de tous mes artifices.... Mon maître! en faveur de trente ans....

ALMAVIVA, *avec humeur.*

Ce n'est pas à moi de juger. *(Il marche vite.)*

FIGARO.

Monsieur Bégearss!...

BÉGEARSS, *qui a repris sa sécurité, dit ironiquement.*

Qui! moi? cher ami, je ne comptais guères vous avoir tant d'obligations! *(Elevant son ton.)* Voir mon bonheur accéléré par le coupable effort destiné à me le ravir! *(A Léon et Florestine.)* O jeunes gens! qu'elle leçon! Marchons avec candeur dans les sentiers de la vertu. Voyez que tôt ou tard l'intrigue est la perte de son auteur.

FIGARO *prosterné.*

Ah! oui!

BÉGEARSS, *à Almaviva.*

Monsieur, pour cette fois encore....

ALMAVIVA *à Bégearss durement.*

C'est là votre arrêt.... j'y souscris.

FIGARO *ardemment.*

Monsieur Bégearss, je vous le dois. Mais je vois Monsieur Fal pressé d'achever un contrat...

ALMAVIVA *brusquement.*

Les articles m'en son connus.

M. FAL.

Hors celui-ci. Je vais vous lire la donnation que Monsieur fait... (*Cherchant l'endroit.*) M., M., M., James-Honoré Bégearss.... Ah! (*Il lit.*) « Et pour donner à la demoiselle
» future épouse, une preuve non équivoque de son attachement
» pour elle; ledit futur époux lui fait donnation entière de tout
» les grands biens qu'il possède, consistant aujourd'hui, (*Il*
» *appuie en lisant.*) (ainsi qu'il le déclare, et les a exibés à
» nous Notaires soussignés) en trois millions d'or, ici joints
» en très-bons effets au porteur. » (*Il tend la main en lisant.*)

BÉGEARSS.

Les voilà dans ce porte-feuille. (*Il donne le porte-feuille à Fal.*) Il manque deux milliers de louis, que je viens d'en ôter pour fournir aux apprêts des noces.

FIGARO, *montrant Almaviva, et vivement.*

Monsieur a décidé qu'il paierait tout ; j'ai l'ordre.

BÉGEARSS *tirant des effets de sa poche et les remettant au notaire.*

En ce cas, enregistrez-les ; que la donnation soit entière !

FIGARO, *retourné, se tient la bouche.*

M. FAL *ouvre le porte-feuille, y remet les effets.*

Monsieur va tout additionner pendant que nous achevrons. (*Il donne le porte-feuille ouvert à Figaro qui, voyant les effets, dit :*)

FIGARO, *l'air exalté.*

Et moi j'éprouve qu'un bon repentir est comme une bonne action ; qu'il porte aussi sa récompense.

BÉGEARSS.

En quoi ?

FIGARO.

J'ai le bonheur de m'assurer qu'il est ici plus d'un généreux homme ! O ! que le ciel comble les vœux de deux amis aussi parfaits ! Nous n'avons nul besoin d'écrire. (*A Almaviva.*) Ce sont vos effets au porteur; oui, Monsieur, je les reconnais. Entre Monsieur Bégearss et vous, c'est un combat de générosité : l'un donne ses biens à l'époux; l'autre les rend à sa future. Monsieur, Mademoiselle, ah! quel bienfaisant protecteur! et que vous allez le chérir! Mais que dis-je? l'enthousiasme m'aurait-il fait commettre une indiscrétion offensante? *(Tout le monde garde le silence.)*

BÉGEARSS, *un peu surpris, se remet, prend son parti et dit :*

Elle ne peut l'être pour personne, si mon ami ne la désavoue pas; s'il met mon âme à l'aise, en me permettant d'avouer que je tiens de lui ces effets. Celui-là n'a pas un bon cœur, que la gratitude fatigue, et cet aveu manquait à ma satisfaction. *(Montrant Almaviva.)* Je lui dois bonheur et fortune, et quand je les partage avec sa digne fille, je ne fais que lui rendre ce qui lui appartient de droit. Remettez-moi le porte-feuille; je ne veux avoir que l'honneur de le mettre à ses pieds moi-même, en signant notre heureux contrat. *(Il veut le reprendre.)*

FIGARO *sautant de joie.*

Messieurs, vous l'avez entendu: témoignerez-vous, s'il le faut. Mon maître, voilà vos effets; donnez-les à leur détenteur, si votre cœur l'en juge digne. *(Il lui remet le porte-feuille.)*

ALMAVIVA, *se levant, à Bégearss.*

Grand dieu! les lui donner! Homme cruel! sortez de ma maison. L'enfer n'est pas aussi profond que vous! Grâce à ce bon vieux serviteur, mon imprudence est réparée. Sortez à l'instant de chez moi.

BÉGEARSS.

O! mon ami! vous êtes encore trompé.

ALMAVIVA, *hors de lui, le bride de sa lettre ouverte.*

Et cette lettre, monstre m'abuse-t-elle aussi?

BÉGEARSS, *a lu, furieux, il arrache à Almaviva la lettre, et se montre tel qu'il est.*

Ah! je suis joué! mais j'en aurai raison.

LÉON.

Laissez en paix une famille que vous avez remplie d'horreur!

BÉGEARSS *furieux.*

Jeune insensé! c'est toi qui va payer pour tous, je t'appelle au combat.

LÉON, *vîte.*

J'y cours.

ALMAVIVA, *vîte.*

Léon!

Mme ALMAVIVA, *vîte.*

Mon fils !

FLORESTINE, *vîte*

Mon frère !

ALMAVIVA.

Léon, je vous défends... *(A Bégearss.)* Vous vous êtes rendu indigne de l'honneur que vous demandez. Ce n'est point par cette voie-là qu'un homme comme vous doit terminer sa vie.

BÉGEARSS *fait un geste affreux sans parler.*

FIGARO *arrêtant Léon vivement.*

Non, jeune homme, vous n'irez point. Monsieur votre père a raison ; et l'opinion est réformée sur cet horrible frénésie : on ne combattera plus ici que les ennemis de l'état. Laissez-le en proie à sa fureur, et s'il ose vous attaquer, défendez-vous comme d'un assassin. Personne ne trouve mauvais qu'on tue une bête enragée. Mais il se gardera de l'oser : l'homme capable de tant d'horreur, doit être aussi lâche que vil.

BÉGEARSS, *hors de lui.*

Malheureux !

ALMAVIVA, *frappant du pied.*

Nous laissez-vous enfin ? C'est un supplice de vous voir. *(Madame Almaviva, effrayée sur son siége, Florestine et Suzanne la soutiennent ; Léon se réunit à elles.)*

BÉGEARSS.

Oui, morbleu ! je vous laisse ; mais j'ai la preuve en main de votre infâme trahison. Vous n'avez demandé l'agrément de la cour pour échanger vos biens d'Espagne, que pour être à portée de troubler, sans péril, l'autre côté des Pyrénées.

ALMAVIVA.

O monstre ! que dit-il ?

BÉGEARSS.

Ce que je vais dénoncer à Madrid ; n'y eût-il que le buste, en grand, d'un Washington dans votre cabinet : j'y vais faire confisquer tous vos biens.

FIGARO, *criant.*

Certainement, le tiers au dénonciateur.

FIGARO, *tirant un paquet de sa poche, s'écrie vivement :*

Mais voici l'agrément ; j'avais prévu le coup : je viens de votre part d'enlever le paquet au courier qui arrivait.

ALMAVIVA *se relève avec vivacité, et prend le paquet.*

DRAME.

BÉGEARSS, *furieux, frappe sur son front, fait deux pas pour sortir, et se retourne.*

Adieu, famille abandonnée, maison sans mœurs et sans honneur ! vous aurez l'impudeur de conclure un mariage abominable, en unissant le frère avec la sœur ; mais l'univers saura votre infamie ! (*Il sort.*)

SCENE VIII et dernière.
FIGARO, M. FAL, *notaire*, FLORESTINE, ALMAVIVA, Mme. ALMAVIVA, LEON, SUZANNE.

FIGARO, *follement.*

Qu'il fasse des libelles, dernière ressource des lâches ! Il n'est plus dangereux ; bien démasqué, et pas vingt-cinq louis dans le monde ! Ah ! monsieur Fal, je me serais poignardé s'il eût conservé les deux mille louis qu'il avait soustrait du paquet. (*Il reprend un ton grave.*) D'ailleurs, nul ne sait mieux que lui, que par la nature et la loi, ces jeunes gens ne sont rien, qu'ils sont étranger l'un à l'autre.

ALMAVIVA *l'embrasse, et crie :*

O Figaro... Madame, il a raison.

LÉON, *très-vîte.*

Dieux ! maman, quel espoir !

FLORESTINE, *à Almaviva.*

Eh ! quoi ! Monsieur, n'êtes vous plus ?..

ALMAVIVA, *ivre de joie.*

Mes enfans, nous y reviendrons, et nous consulterons, sous des noms supposés, des gens de loi, discrets, éclairés, pleins d'honneur. O mes enfans ! il vient un âge où les honnêtes gens se pardonnent leurs torts, leurs anciennes faiblesses, et font succéder un doux attachement aux passions orageuses qui les avaient trop désunis. Rosine, (c'est le nom que votre époux vous rend.) allons nous reposer des fatigues de la journée. Monsieur Fal, restez avec nous. Venez, mes deux enfans. Suzanne embasse ton mari, et que nos sujets de querelle soient ensevelis pour toujours. (*A Figaro*) Les deux mille louis qu'il avait soustraits, je te les donne, en attendant la récompense qui t'est bien due...

FIGARO *vivement.*

A moi, Monsieur ? non, s'il vous plaît : gâter, par un vil salaire, le bon service que j'ai fait ! ma récompense est de mourir chez vous. Jeune, si j'ai failli souvent, que ce jour acquitte ma vie ! O ma vieillesse ! pardonne à ma jeunesse ; elle s'honnorera de toi. Quelle heureuse révolution ! un jour a changé notre état. Plus d'oppresseur, d'hypocrite insolent : chacun a bien fait son devoir. Ne plaignons point quelques momens de trouble ; on gagne assez dans les familles, quand on en expulse un méchant.

FIN.

www.ingramcontent.com/pod-product-compliance
Lightning Source LLC
LaVergne TN
LVHW021004090426
835512LV00009B/2067